災害時に役立つ
スキルを手に入れろ!

もしとき
サバイバル術

片山 誠
72時間サバイバル教育協会代表理事

イラスト
髙橋未来

太郎次郎社エディタス

プログラムをはじめるまえに

　この本は、災害（さいがい）が起こったときに役立つサバイバルの知識（ちしき）やスキル（技術（ぎじゅつ））、そしてマインド（心がまえ）を身につけるための本だ。

　それなのに、この本には、はっきりとした答えが書いていないところがたくさんある。それはなぜか。

　きみは、本やインターネットで読んで覚（おぼ）えたことを忘（わす）れないだろうか。じっさいにやったことがないことでも、調べればいつでもできると思っていないだろうか。そこに書いてある情報（じょうほう）がすべて正しいと思っていないだろうか。

　これからきみに意識しておいてほしいのは、見たり聞いたりしただけのことは、体験（たいけん）してみないと、ほんとうに正しいのかどうかわからない、ということだ。かんたんそうにみえても、やってみたらすごく難（むずか）しかったということは、世の中にたくさんある。

　だから、この本に書いてあることも、読んだだけでできると思わずに、かならず体験してみてほしい。

　やってみて覚えたことは、なかなか忘れない。そして、やってみたからこそ、ほかにこんな方法もあるんじゃないか、とアイデアがわく。だれかといっしょにやれば、もっといいアイデアがわくかもしれない。

　答えは、ひとつじゃない。また、だれかに習っ

たことよりも、自分で気づいたり発見したりしたことのほうが、ほんとうに使える知識やスキルに変わっていく。

きみのゴールは、自分の身を自分で守れるようになり、ほかの人のことも守れるようになること——つまり、真の"サバイバルマスター"になることだ。

これからはじまる8つのプログラムをきみの力に変えるために、つぎのふたつのことを守ってほしい。

- **きみ自身が、自分の力でやりきること。（大人はすぐ口を出したがる。見守ってもらうのはかまわないが、できるだけ黙っておいてくれるように伝えること）**
- **目的を考えながらやること。（書かれたことをやるだけなら、退屈な宿題と変わらない）**

もし自分に自信がついたなら、あとで紹介する「サバイバルマスター認定プログラム講習」（▶P122）にも、ぜひチャレンジしてみてもらいたい。すでにたくさんの仲間たちが参加し、「ジュニア・サバイバルマスター」への道を歩んでいる。

きみが、この本をヒントに、たくさんの発見をして、活躍してくれることを期待している。

目次

サバイバルマスターへの道

プログラム ❶ SOS 9

- ステップ 1　声を出して助けを呼ぶ ——— 13
- ステップ 2　ものを使って助けを呼ぶ ——— 14
- ステップ 3　裏声（うらごえ）を出して助けを呼ぶ ——— 15
- ステップ 4　非常用（ひじょうよう）持ち出し袋（ぶくろ）について考える ——— 16

SOSマスター検定（けんてい） ——— 18
- 姿（すがた）の見えない場所から、裏声を出して発見してもらう
- 非常用持ち出し袋を用意する

無人島（むじんとう）からの招待状（しょうたいじょう）① ——— 20
無人島生活のための必須（ひっす）アイテム

プログラム ❷ ファイヤー 21

- ステップ 1　マッチで火をつける ——— 26
- ステップ 2　小枝（こえだ）を燃（も）やして、火をキープする ——— 28
- ステップ 3　たき火をする場所を選（えら）ぶ ——— 30
- ステップ 4　安定したたき火をつくる ——— 32

ファイヤーマスター検定 ——— 34
- 60分以内（いない）に、自分で燃料（ねんりょう）を集め、マッチで火をつけ、10分以上、安定して燃えるたき火をつくる

無人島からの招待状② ——— 36
手づくりの道具で火起こしできる？

プログラム ❸ ウォーター　　　37

- ステップ 1　泥水の不純物をとりのぞく　　42
- ステップ 2　殺菌の方法を知る　　44
  - [コラム] 水が使えないとき、トイレはどうする?　　45
- ステップ 3　水の大切さについて考える　　46

ウォーターマスター検定　　47
ペットボトルろ過装置を手づくりし、
飲み水をつくるたいへんさを体験する

無人島からの招待状 ❸　　49
飲み水をつくる究極の方法

プログラム ❹ ナイフ　　　51

- ステップ 1　刃物の握り方を理解する　　55
- ステップ 2　ナイフで小枝を削る　　57
- ステップ 3　ナタや手斧で薪を割る　　58
- ステップ 4　竹や小枝を削って、箸をつくる　　60

ナイフマスター検定　　61
45分以内に、ナタや手斧で薪や竹を割って材料を用意し、
ナイフで削って、持ちやすく、食べやすい箸をつくる

無人島からの招待状 ❹　　63
無人島工房コレクション

プログラム ❺ シェルター　　65

- ステップ **1**　市販のテントを張る ———— 69
- ステップ **2**　市販のタープを張る ———— 72
- ステップ **3**　ロープワークをふたつ覚える ———— 75
- ステップ **4**　ブルーシートで小さなタープを張る ———— 77

シェルターマスター検定 ———— 78
覚えたふたつのロープワークを使って、
60分以内に、小さなブルーシートタープをひとりで張る

無人島からの招待状 ⑤ ———— 80
最小限の材料でつくる快適な家

プログラム ❻ ファーストエイド　　81

- ステップ **1**　応急手当について理解する ———— 85
- ステップ **2**　手袋の着け方・はずし方を習得する ———— 87
- ステップ **3**　止血の方法を習得する ———— 88
- ステップ **4**　熱中症の予防法と対処法を覚える ———— 90
- ステップ **5**　低体温症の予防法と対処法を覚える ———— 92

ファーストエイドマスター検定 ———— 94
○ だれかにケガをしたフリをしてもらい、二次災害予防の手袋を着け、傷口にガーゼを当てて伸縮包帯を巻く
○ 熱中症と低体温症の予防法・対処法を3つずつ挙げる

無人島からの招待状 ⑥ ———— 96
無人島で危険を避けるには

プログラム❼ フード　97

ステップ1　どんな非常食があるかを知る　101
ステップ2　非常食を食べる　103
ステップ3　空き缶でごはんを炊く　104

フードマスター検定　106
60分以内に、たき火やガスコンロなどの火を使って、
ふっくらとした空き缶ごはんを炊く

無人島からの招待状⑦　108
自分でゲットするから、ぜんぶ食べる

プログラム❽ チームビルド　109

ステップ1　必要な情報を共有する　112
ステップ2　役割分担について理解する　114
ステップ3　過ごしやすくするくふうを考える　115

チームビルドマスター検定　116
○情報を共有するための仮想掲示板を仲間とつくる
○必要な役割を出しあって、いまの自分が災害時にできる役割を知る

無人島からの招待状⑧　118
チームワークを生みだす5つのコツ

さらなるステップアップをめざすきみへ　120
サバイバルマスター認定プログラム講習の紹介

おわりに　124

プログラム
①

SOS

救助を呼べることも、大切なサバイバル能力。
遠くの人にも発見されやすいSOSの出し方、
災害時に使えるもの・備えておくべき道具は何かを考え、
SOSのスキルをマスターする。

🕒 **15:00（地震発生時刻）**

　外は冷たい風が吹く冬のある日。学校から家に帰ってきたきみは、ぼんやりとテレビを見ながら、ソファの上に寝転がっていた。と、そのとき突然、家が激しく揺れはじめた。
「地震だ！」
　学校の避難訓練でいつもやるように、とっさにテーブルの下に入った。
　1分くらい揺れつづけただろうか。そのあいだにソファの上に本棚が倒れ、部屋のなかにたくさんのものが散らばっていた。そのままソファの上にいたら、危ないところだった。さっきまでついていたテレビは消えている。

🕒 15:10（地震発生から10分）

揺れがおさまり、きみは、少しでも早くここから逃げたいという気持ちにかられた。ジャンパーを着て、玄関にいつも置いてある非常用持ち出し袋を持って、とにかく家から出た。

まわりを見わたすと、傾いている家があったり、道路標識が折れ曲がったりしていて、ようやくこれはたいへんなことになっていると感じた。お母さんに連絡をしたいと思い、携帯電話をとり出したものの、まったくつながらなくなっている。

「こんなときに学校が"避難所"になるって聞いたことがあるし、とりあえず学校に行こう。そうしたら先生や友だちに会えるかもしれない」

そう考えたきみは、学校をめざして歩きはじめた。

道中、足を引きずりながら歩いているお年寄りを見かけた。どうやらケガをしているようだ。だけど、きみが背負って歩くことは難しい。

助けを呼ばなければ。「おーい」と声を出してみたが、だれもいない。

「どうやって助けを呼んだらいいんだろう」

災害が起きたとき、自分やまわりの人が身動きをとれなくなることがある。そんなときは、助けを呼ばなければいけない。

災害時は、どんな危険なことが起こる？
身動きがとれなくなるのは、どんなとき？
助けを求めるために、どんな方法や道具があるといい？

想像することができたら、いよいよプログラム開始だ。

用意するもの

さまざまな色の服やタオル

非常用持ち出し袋
きみの家でふだんから用意しているものでよい
（できれば助けを呼ぶのに使えそうな道具が入っているもの）
ない場合は、プログラムのなかで必要なものをそろえていこう

ステップ
① 声を出して助けを呼ぶ

▷遠く離れている人と呼びあってみよう

まずは、校庭や大きな公園で、だれかとペアになり、大声で名前を呼びあってみよう。災害時、きみの声がどれくらい遠くまで聞こえるかのチェックだ。顔がはっきり見える距離からはじめて、おたがいの声が聞こえにくくなるところまで、少しずつ距離をのばしていく。

ただしこれは、近所迷惑にならないところでやること。くれぐれも「助けて〜！」と叫ばないように。ほんもののレスキュー隊が来て、怒られてしまう……かもしれない。

▷建物越しだと、どうなる？

こんどは、建物の陰や反対側の、おたがいの姿が見えないところから呼びあってみる。さっきとくらべると、聞こえづらくなるかもしれない。聞こえたら、声をたよりに相手のいる場所がわかるか、確認してみよう。

大声を出しつづけて助けを呼ぶのはラクじゃないと、わかっただろうか。つぎのステップでは、声以外で助けを呼ぶ方法を試してみよう。

ステップ
❷ ものを使って助けを呼ぶ

▷道具で音を鳴らしてみよう

声ではなく、音で気づいてもらう方法もある。非常用持ち出し袋に入っている道具やまわりにあるものを使って、音を出してみよう。どんな種類の音が聞こえやすく、どんなものを使えば大きな音を出せるのか。だれかとペアを組んで確認すること。

▷目立つ色をたしかめよう

こんどは耳ではなく、目で見て気づいてもらう方法だ。ポイントは色。ステップ1と同じようにペアで離れて立ち、おたがいにいろんな色の服やタオルを振る。どんな色が目立つだろう。背景によって目立つ色は違うかもしれない。背景の色が違う3か所くらいで立つ場所を変えて、それぞれの場所でどの色が見えやすいか確かめてみよう。

▷色以外で目につく方法は、ある?

災害時、目立たない色の服を着ていることもあるはずだ。そんなときは、非常用持ち出し袋に入っている道具や身につけているもの、まわりにあるものが使えるかもしれない。色以外に、どんなものが目につきやすいだろう。

時間帯によって、また、太陽が出ているか、風が吹いているかによっても、見やすいもの、使えるものは変わってくる。

ステップ ③ 裏声を出して助けを呼ぶ

▷道具が使えない場合もある

　もしも、ガレキのなかに閉じこめられてしまったら、どうする？　音を鳴らすものを持っていても、身動きがとれない可能性もあるし、音を鳴らすためにまわりのものをたたいたりしたら、建物が崩れてくるかもしれない。また、ヘリコプターが上空を飛んでいたり、川が近くを流れていたりして、声がかき消されそうな場所で、音を鳴らす道具を持っていなかったら？
　いろいろな理由で道具が使えない場合のことも、考えておく必要がある。

▷知る人ぞ知る、裏声の力

　そんなときは最後の手段として、裏声を使って高い音を出すこともできる。プロのリバーガイドもときどき使う方法だ。
　まずは「フォッ！」と高い声を出してみよう。コツは、のどからではなくおなかから声を出すようにすること。犬の遠吠えを真似してみると、出やすいかもしれない。または、クラスで仲のよい男子と女子をからかうときの「ヒューヒュー」という声を出すイメージで。はじめは難しいかもしれないが、かならずできるようになる。あきらめずに練習しよう。

ステップ ❹ 非常用持ち出し袋について考える

▶非常時に必要で、持ち出せるものとは？

　助けを呼ぶために、どんな道具があると便利か、きみは気づけたはずだ。災害時には、助けを呼ぶ道具以外のものも必要となってくる。そのなかで、非常用持ち出し袋に入れて、きみがいつでも持ち出せるものは、どんなものがあるだろうか。
　まずは、思いつくものを下の表に書きだしていこう。

ものの名前	数	メモ

それらは、つぎの2種類に分けられるはずだ。
- 消耗品(使ったらなくなってしまうもの。再利用しにくいもの)
- 道具(何度でも使えるもの)

どれをどのくらい用意しておくかも、表に書きいれておくこと。

▷持ち出し袋を用意しよう

それらを持って逃げるには、どんな袋に入れればいいのか。
①紙袋　②ゴミ袋
③リュックサック
④ウエストポーチ　⑤お袋

いちばん使いやすそうなのは、③だ。④もいいかもしれないが、入れられる中身がどうしても少なくなる。①や②は破れやすく、持ちあるきにくい。⑤を選ぶ気持ちはわかるが、災害時に持って逃げるのは難しそうだ。持っていきたいものを入れて、ほんとうに持って走ったりできるのか、しっかり確認しておこう。

袋にこだわらず、たとえば魚釣り用のたくさんポケットがついたベストを使ってみるなど、アイデアを出してみてほしい。

もちろん、想像したり、書きだしたりするだけで、じっさいに持っていなければ、残念なことになってしまう。今日からでも、自分のオリジナルの非常用持ち出し袋(もちろん中身も)を準備しておくべきだ。

表にまとめたものを、いったんそろえておく。そして、これからのプログラムで学ぶなかで、あらたに必要なものやもっと便利なものが出てきたら、どんどん中身を変えていき、ほんとうにきみの役に立つ究極の持ち出し袋をつくりあげてほしい。

▷ SOSマスター検定
つぎの課題をクリアせよ

○ 姿の見えない場所から、裏声を出して発見してもらう。

○ 非常用持ち出し袋を用意する。

▷ SOSマスターになりたてのきみへ

　困ったときに人に頼るのは、けっしてはずかしいことじゃない。むしろ、難しい問題に直面したときには、ひとりで解決できることのほうが少ないだろう。
　真のサバイバルマスターになるためには、自分でなんとかする力ももちろん必要だが、おたがいに気持ちよく頼ったり、頼

られたりできることも重要だ。

　では、どうすれば、おたがいが気持ちよく支えあえるだろう。たとえば、トイレ掃除。みんなで使うトイレは、みんなで掃除するのがあたりまえだ。しかし、みんな忙しくて手が離せなかったり、ちょっと面倒だな、と思ったりするときもあるだろう。そんなときに自分からすすんで掃除をしてくれた人に対して、きみならどうする？

①無視する
②心のなかでお礼を言う
③その人に向かってお礼を言う
④その人に向かってほほえむ

　どれが正しいとかではなく、自分が掃除をしたとして、どうされるのがうれしいかと考えてみてほしい。

　何かをしてくれた人にきみが声をかけて、その人がまたつぎも困った人を手伝おうという気持ちになれたら、きみはすごく魅力的なスキル（技術）を身につけたことになるだろう。ひそかに気になっているあの子の気持ちも、わしづかみにしてしまうかもしれない。

無人島からの招待状 ①
無人島生活のための必須アイテム

　無人島に道具を3つだけ持っていくとしたら、きみは何を選ぶ？

　ぼくの経験では、ナイフ、火をつける道具、コッフェル（アルミやチタン製の鍋にもなる食器）があれば、なんとかなる気がする。もちろん、気候やその島の環境にもよるけど。

コッフェル

　無人島生活でほんとうに必要なものを知るためには、実体験が必要だ。こんな順番で、だんだんわかってくる。

①何を持っていく必要があるかを考える
②それを持っていって無人島生活にチャレンジ
③「あー、あれも持ってきたらよかった」とか後悔する
④次回はぜったい持っていきたいもののリストができる
⑤①にもどる

　1回目は不安だから、たくさんの荷物を持っていきたくなると思うけど、2回目以降は、だいたい必要なものがわかって、荷物が少し減る。違う季節に、または違う島に行くと、当然、必要なものは変わってくる。

　このサイクルで改善しながら、だいたい10回くらい4泊5日ていどの無人島生活にチャレンジすれば、たいていのことはなんとかできるようになる。とはいえ、毎回たくさんの課題があって、ラクに生きることはできないけどね。

　……って、いやいや、そもそも無人島なんてどこにあるねん！10回どころか1回でも無理やろ！とか、いろいろな声が聞こえてきそうだけど、意外と、日本には無人島がたくさんある。どんな困難な状況にも打ち勝てる真のサバイバルマスターをめざして、きみも挑戦しにいかないか？

プログラム
2

ファイヤー

ガスも電気も止まってしまったとき、
自分で火を起こすことができれば、大きな力になる。
マッチの小さな火から、安定したたき火まで、
火の起こし方・育て方をマスターする。

🌀 **16:10（地震発生から1時間10分）**

　さっきのお年寄りは、なんとか大人の人を呼んで、あとは任せることができた。
　だけど、ホッとしている時間はない。また地面が揺れはじめた。余震だ。まわりに倒れてくるものがない場所で、きみはうずくまる。揺れがおさまり、寒いのかこわいのかわからないが、震えが止まらなくなっていた。
　早く学校にたどり着きたい。その一心で、きみは無我夢中で走った。
　学校には、たくさんの人が続々と避難してきて、体育館の前には人だかりができていた。校庭で、ふだんあまり話をしたこ

とのない、となりのクラスの子を見かけた。
「無事でよかったね」。思わず声をかけた。
「こわかったね」とその子は言った。なんだろう、少しホッとした気持ちになれた。
　日の入り時刻になり、あたりは薄暗くなってきている。お母さんたちはどうしているんだろう。急に不安が襲ってきて、泣きたくなるのをがまんしながら体育館の前まで行った。
　先生がいた。
「無事でよかった。よくここまでたどり着いたね」。そう言われて、こんどは安心感で泣きそうになった。先生に誘導されて、受付で名簿に名前を書き、体育館のなかに入った。
　同じクラスの友だちがたくさんいた。みんな、お父さんやお母さんの仕事場が遠い。今日はぼくたちだけで過ごさないといけないかもね、と話をした。

⚠️ 18:00（地震発生から3時間）

　学校に備蓄してあったカンパンとペットボトルの水が配られ、みんなで分けて食べた。不安でいっぱいで、今日は寝られないなと思いながらも、みんなといっしょだと少し心強い気がした。明日はきっとお母さんに会える、と考えながら、きみは配られた毛布にくるまって、いつのまにか眠りに落ちた。

🔼 5:30（地震発生から14時間30分）

　夜中に何度も目が覚めながら、翌朝を迎えた。お母さんがそばにいた。
「お母さん！」。思わず抱きついてしまった。
　お母さんは、仕事場から8時間も歩いて夜中にここまでたどり着いたこと、道中ずっときみのことを心配してくれていたこと、同じように子どもに会いたいという一心で夜どおし歩いている人がたくさんいたことなどを話してくれた。だけど、まだここでは、たくさんの友だちが親に会えずにいる。
　お母さんは避難所の受付のお手伝いをするらしい。きみも、自分にできることをやろうと決めた。

避難所にはストーブが何台かあったが、体育館のなかは寒い。きみはまず、昼間だけでも、たき火をして暖をとれる場所をつくりたいと考えた。

～～～～～～～～～～～～～～～～～～

きみは、たき火をつくることができるだろうか。
最近はオール電化の家も増えていて、生活のなかで火に接する機会が減ってきている家庭も多い。

きみは、火を使ったことある？
あるなら、どんなことで使った？
火が使えたら、どんなことができる？
火を使うと、どんな危険がある？

火をじょうずに起こせて、使いこなせたら、すごく便利じゃないだろうか。くれぐれも安全に気をつけて、さあ、練習をはじめよう。

用意するもの

マッチ1箱

新聞紙

細い枝

薪や太い枝

コンクリートブロックや
トタン板など

または

たき火台
（家にあれば、でOK）

消火用の水

ステップ ❶ マッチで火をつける

▷ **マッチで火をつけてみよう**

マッチは、先っぽの火薬の部分を箱の茶色のところでこすると火がつく。まずは火をつけてみよう。

🔍 どっちのすり方が折れにくい？

①手前に
火薬を向けた状態から、
向こう向きに力を入れてこする

②向こうに
火薬を向けた状態から、
向こう向きに力を入れてこする

▷ **熱くなくて、火が長持ちするマッチの持ち方とは？**

もう1回マッチをすって、できるだけ長い時間持ってみよう。やけどしないように気をつけること。

🔍 火のついたマッチをどういうふうに持てば、熱くない？

①先っぽを
上にして持つ

②先っぽを
下にして持つ

③先っぽを
横にして持つ

まちがったとき熱そうだから、いきなりやりたくないという気持ちもわかる。ヒントがわりに、もうひとつクイズを出そう。

火には、すごく熱い部分とそんなに熱くない部分がある。

Q 火は、どこがいちばん熱い？

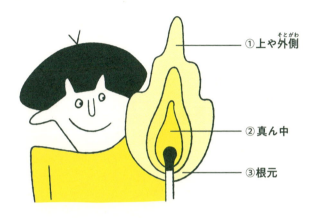

① 上や外側
② 真ん中
③ 根元

正解は、①。火は、上と外側がいちばん熱い。真ん中とか根元の部分はそんなに熱くない。

ということは、どうやってマッチを持っておけば、熱くないだろうか。ただし、試してみたらわかるが、いちばん熱くない持ち方で持っていたら、すぐに火が消えてしまいそうになる。できるだけ長持ちして、しかも熱くない持ち方を考えてみてほしい。

それがわかったら、きみと火との距離はぐっと縮まっている。安全に火をつけることができて、つけたまま持てるようになって、火のこわさも減ったはずだ。

火を長持ちさせられる——キープできるようになったら、つぎはマッチの火を使って、別のものを燃やしてみよう。

ファイヤー

ステップ
❷ 小枝を燃やして、火をキープする

▷ **マッチで新聞紙に火をつけてみよう**

こんどは、軽く丸めた新聞紙に、マッチで火をつけてみる。

🔍 **確実に火をつけられるのは、どれ？**

①マッチを
新聞紙の上に置く

②マッチを新聞紙の
横のすきまに入れる

③マッチの火を
新聞紙の下のほうに
当てる

▷ **新聞紙から、さらに小枝に火をつけてみよう**

まず、丸めた新聞紙を置いて、その上か下に小枝を置く。つぎに新聞紙に火をつけて、その火を小枝に燃えうつらせてみよう。どっちがうまくいくだろうか。

①小枝を新聞紙の上に置く

②小枝を新聞紙の下に置く

ちなみに、新聞紙と小枝を同時に燃やしたら、どっちが長持ちするだろう。新聞紙を軽く丸めたものと、ぎゅっと握って小さく丸めたものでもいい。中身がつまったものは燃えやすいか、それとも燃えにくいかを考えてほしい。

▷ **火を3分間、キープするための燃料の量を知ろう**

3分間、火を燃やしつづけるためには、どれくらいの燃料（燃えるもの）が必要なのか。必要と思う量の小枝を集めて、小さなたき火をつくってみよう。

3分たたないうちに小枝がなくなった場合は、用意する量が少なかったことになる。小枝が残ってるのに、火が消えたり、白い煙が上がって不完全燃焼したりした場合は、火が燃えるのに必要な3つの要素のどれかが足りていない。

Q 火が燃えるのに必要な3つの要素は、つぎのうち、どれ？

①水　②燃料　③熱　④砂　⑤二酸化炭素　⑥酸素
⑦ハンドパワー

わからなかったら、水や砂をかけたり、息を吹きかけたり、うちわであおいだり、手をかざしたりしてみよう。ちなみに、人間がはく息のなかには酸素が16〜17%、二酸化炭素が4〜5%ふくまれている。

火を少しずつ大きくしていき、長持ちさせるコツはつかめただろうか。つかめたというきみは、その火をもっと大きな火にしてみたくてウズウズしているかもしれない。でも、そのまえに少しだけ、火を燃やす場所について考えておきたい。

ステップ ③ たき火をする場所を選ぶ

　火を燃やしてはいけない場所、というのがある。いま、きみが火を燃やしているまわりを見わたしてみよう。あきらかに、火が燃えひろがったら危険そうな場所がないだろうか。

　最近は、公園はもちろん、キャンプ場でも、地面の上で直接火を燃やすことを許可していないところのほうが多い。そういう場所では、たき火台を使ったり、コンクリートブロックやトタン板を敷いて、その上で燃やしたりしよう。

　地面の上に直接火を置くのが、なぜダメか。
　ひとつは、安全の問題。地面に燃えるものがいっぱいあるところでたき火をしたらどうなるか、想像がつくはずだ。風がビュービュー吹いている日だと、最悪なことになるかもしれない。
　もうひとつは、環境破壊につながるという理由。地面の土のなかには、じつは目に見えない微生物がいっぱい住んでいて、土を栄養豊かな状態に保ってくれている。それらを殺してしまうと、植物が育たなくなったりすることがある。
　これらのことをちゃんと考えながら、安全で環境にやさしい場所で、たき火をつくってほしい。

　そして、場所と同じくらい大事なのが、はじめるまえにかならず、消火用の水をバケツなどに入れて用意しておくこと。万が一、火が大きくなりすぎて危険な場合は、すぐに水をかけて消そう。練習が終わったあとも、燃えかすにたっぷり水をかけて、確実に火が消えたことをたしかめてから、ごみ袋などにまとめて捨てる。ただしキャンプ場によっては、燃えかすは水をかけずに、決まった場所に捨てなければならないところもある。
　納得できたら、いよいよ大きなたき火をつくってみよう。

ステップ
❹ 安定したたき火をつくる

▷5分以上、燃やしつづけられる燃料を集めよう

　5分以上、安定して火をキープするためには、どれくらいの燃料が必要だろう。さっきは新聞紙と小枝だけで火をつくってみたが、もっと大きい火にしようと思ったら、小枝だけでは難しい。どれくらいの、そして、どんな燃料が必要か、ここまでやってきたきみなら、想像がつくはずだ。いろんな大きさ・種類の燃料を集めてみよう。

　ちなみに、木にも、燃えやすいものと燃えにくいものがある。樹皮に油分が多くふくまれているもの、たとえば、寒い地域なら、シラカバの木などがよく燃える。ヒノキやスギの葉、それに竹も燃えやすい。乾燥しているか、水分をいっぱいふくんでいるかによっても、燃えやすさに差が出る。

▷太い枝に火をつけるには？

　太い木の枝には、どうやって火をつける？　いきなりマッチで火をつけられたなら、かなりラッキーだ。いちどやってみて、つけられないと思ったら、ほかの方法を考えてみよう。

▷小枝から太い枝に火を燃えうつらせてみよう

まず小枝を組んで火をつけ、火の勢いが強くなってから太い枝に燃えうつらせることもできる。小枝をどのように置いたら、効率よく大きな燃料を燃やせるのか。火をつけるまえに、小枝の組み方を考えてみよう。答えはひとつではなく、いろんな方法がある。

考える材料として、火はどの部分が熱いのか、そして、火に必要な3つの要素を、もう1回思い出してほしい。

小枝と太い枝を組んだら、火をつける。

マッチから新聞紙、小枝へと、少しずつ大きな火になっているだろうか。途中で火が消えたり、燃料が燃えつきてなくなったりしたときは、何が足りないか、ここまでやったことをじっくりふりかえって、もういちどチャレンジしよう。

太い枝がしっかりと燃えはじめたら、あとは少しずつ燃やすものを補給するだけで、火は安定するはずだ。

▷ ファイヤーマスター検定
つぎの課題をクリアせよ

60分以内に、自分で燃料を集め、マッチで火をつけ、10分以上、安定して燃えるたき火をつくる。

▷ ファイヤーマスターになりたてのきみへ

課題をクリアしたきみなら、寒い日にたき火をつくることも、バーベキューで火を起こすことも、楽勝でできるはずだ。最近は大人でも、手際よくたき火をつくれる人はそんなに多くない。だからこそ、火が必要になったときに、すぐに火起こしができて、自由に大きさを調整できるきみの力は大きい。災

害が起こったときやキャンプをするときなど、いつでも火を使えるように、ときどき復習しておいてほしい。

ただし、いまのきみはまだスタート地点に立ったばかりだ。

今回はマッチを使って火をつけたけど、マッチが濡れていたら、どうする？ ライターも使えるようにしておいたほうがいい。では、ライターが濡れてたら？

いつでも火起こしをできるようにするには、濡れていても火をつけることができる道具のことも知っておいたほうがいい。

たとえば、"ファイヤースターター"という道具。新聞紙などの火口にマグネシウムを削りおとし、そこに火花が降りそそぐように着火棒をこすって火をつけるしくみになっている。

これで、火をつける道具はそろった。でも、もし新聞紙がなかったら、どうする？ 新聞紙なしでも火をつけられる方法は、いっぱいある。

ほかにも。火を使って料理をしようと思ったら、かまどのつくり方も知っておいたほうがいい。

いろいろなことを考えてみると、足りない技術や知識などが、まだまだいっぱいありそうだ。

いかなる状況においても火を確実につけられて、安全に扱える、究極のファイヤーマスターになるための道のりは、まだまだ遠い。

ファイヤースターター

無人島からの招待状 ②
手づくりの道具で火起こしできる？

サバイバルでの火起こしというと、棒を両手ではさんで回して、それで生まれる摩擦熱を利用する"もみぎり式"とか"弓切り式"とかを想像するんじゃないかな。縄文時代から鎌倉時代くらいまでは、この方法で火をつけていたらしい。

弓切り式

きみは、やったことある？ おそらく、はじめてやると、1時間以上がんばっても火がつかないことも、ざらにあるだろう。むかしの人はじょうずにできてたとは思うけど、それでも、いちど起こした火をすぐに消さずに、種火を残しておくくふうもしていたようだ。火をすごく大事にしていたんだね。でも現代の生活で、こうした道具を非常時のために備蓄しておくのは非現実的だと、ぼくは思う。

ちなみにぼくは、マッチやライターが濡れてつかなくなったときにそんなたいへんなことはしたくないので、毎日肌身離さず、ファイヤースターターを持ちあるいている。

だけど、もしもの話として、ファイヤースターターを持たずに無人島に漂着したら、どうしよ？ 火をつける方法は、太陽光を使うなど、ほかにもある。たぶんいろんな方法を試して、なんとか火を起こそうとするはずだ。

そんなときに、売っている道具を使わずに、手づくりの道具で火起こしができたら、しかもそれで10分以内に火がつけられたら……、すごくない？

そんな方法を、まだぼくは編みだしていないけど、もし、きみがその方法を編みだしたときには、真っ先にぼくに教えてください。きみのことを先生と呼ばせていただきます。

プログラム
③
ウォーター

災害時は水道が止まることもある。備蓄分の
ペットボトル水も足りず、給水車も来ないとき、
飲み水をどうするか。泥水から飲み水を
つくる方法を体験し、水の大切さを考える。

🕐 **7:40（地震発生から16時間40分）**

校舎の横の安全な場所にたき火コーナーをつくったら、たくさんの人が集まってきた。
「暖かいね。ありがとう」。みんなに声をかけられて、ちょっとは役に立てたかな、ときみはうれしくなった。火に当たっていると暖かいし、なんだか少し安心する。交代でたき火の番をしようと、みんなで決めた。こうしているあいだにも、避難所を訪れてくる人があとを絶たない。

水が止まっているので、トイレの水を流せなくなったみたいで、体育館のトイレの近くはにおいがきつくなってきている。トイレの対策は早めにしたほうがよさそうだ。

8:25（地震発生から17時間25分）

太陽が高くのぼってきて、ようやく少しは暖かくなってきた。燃料を節約するため、たき火はいったん消した。

あいかわらず食べるものはカンパンしかないが、こんなときにぜいたくを言っていられない。水をたくさん飲んでおなかをふくらまそうとしたが、やっぱりグウグウ鳴っている。

昨日もらったペットボトルの水は、もう半分以下になっている。だれかが聞いた話だと、備蓄してある水はもうそんなにたくさんないらしい。給水車をテレビで見たことはあるが、いつ来てくれるのか、ほんとうに来てくれるのか、見当もつかない。学校の横には小さな川が流れている。でも、濁っていて、そのまま飲む気にはなれない。これはピンチかも、ときみは感じた。

「ペットボトルで水をきれいにすることができるって、まえにインターネットで見たことがあるぞ……」

その方法を使えば、飲み水を手に入れることができるのだろうか。

きみはふだん、飲み水をどこで手に入れているだろう。水道から？　ミネラルウォーターを買う？　山の近くに住んでいるなら、湧き水をくんでくるという人もいるかもしれない。

日本にかぎっていえば、浄水の技術が進んでいて、地域によっては、売っている水と区別がつきにくいくらいおいしい水道水が飲める。その水も、もとは湖や池や川の水だ。はじめは濁っている水も、浄水施設を通せば飲める水に変わる。

ここで質問。たとえば、見た目がきれいな川の水は、そのままでも飲めるだろうか。

①もちろん飲める
②飲んでもだいじょうぶな場合もある
③ぜったいに飲めない

答えは②だ。湧き水が出ているところなどには、そのまま飲

ウォーター

める水もある。けれども、多くの生水には雑菌やウィルスがいて、そのまま飲むと危険な場合がある。津波のときは海水が川に逆流してくることもある。
　では、生水しかない場合は、水を飲まずにがまんするしかないのだろうか。そうなると、脱水症状になるなど、ほかの危険が待ち受ける。
　災害時には、水道水が出なくなって、ふだん使っている水が使えなくなることだってある。スーパーやコンビニに置いてある水も売り切れることが多い。お風呂やトイレを流す水や軽く手を洗うだけなら、川の水でもいいだろう。だけど、飲み水は？　飲み水がなくなったとき、どうすればいいのか。このプログラムでみていこう。

用意するもの

コーヒー
フィルター
（ろ紙つき）

市販の浄水器
またはろ過器

ペットボトル

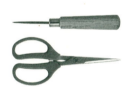

千枚通しや
ハサミなど

ガーゼ

ティッシュ

きれいに洗った
砂利

活性炭
（脱臭剤用に、ホーム
センターやインターネットで
売っている）

少し濁った泥水
（水道水に砂を入れて
かき混ぜたものでOK）

ステップ ① 泥水の不純物をとりのぞく

▷ コーヒーフィルターでろ過しよう

濁った水をそのまま飲むのは、たぶんイヤだろう。まずは見た目にきれいにしたい。手はじめに、コーヒーフィルターを使って泥水をろ過してみよう。

フィルターを通すまえと通したあとでは、色がどれくらい変わっただろうか。飲めそうな気がしてきたら、きれ

いな水道水とも、色やにおいをくらべてみる。少しきれいになったかもしれないが、まだ飲むには不十分な気がするはずだ。

ここで重要なことをひとつ。このプログラム全体で注意してほしいのは、**魚や貝などの生きものがすめない池や川の水、洗剤や農薬などが溶けこんでいる水は、浄水場で処理しないかぎり、どんなことをしても飲めない**ということだ。シャンプーなどが入ったお風呂の残り湯もダメ。水を調達するさいには忘れないでほしい。

▷ 市販の浄水器やろ過器の性能は？

つぎに試すのは、市販の家庭用浄水器や、アウトドア用品店などで売られているハンディタイプのろ過器だ。これらは雑菌やウィルスの除去率が相当高いものが多い。取扱説明書を読みながら、泥水をろ過してみよう。

コップに注いで、さっきコーヒーフィルターでろ過した水とくらべてみる。色やにおいは？ こんどはほんとうに飲めそうだろうか。勇気があれば、飲んでみよう。

▷ **手づくりろ過装置という選択肢も**

　もうひとつ、ぜひ試しておきたい。よく、インターネットなどでペットボトルを使ったろ過装置のつくり方が紹介されているけれど、じっさいにつくってみたことはあるだろうか。
　ろ過装置を手づくりするために最小限必要な材料は、ペットボトル、きれいに洗った砂利、ガーゼ、ティッシュ、活性炭だ。これらが災害時にすぐそろうかは別として、つくってみよう。

①ペットボトルの底をハサミやカッターで切りおとす

②キャップに、千枚通しなどで小さな穴を3～5か所くらいあけて、閉める

③キャップのほうを下向きにして、下からティッシュ・砂利・活性炭・砂利・ガーゼの順につめる

　泥水を入れて、試してみよう。ちなみに、いちばん上にもティッシュをつめると、泥がたまったときのとりかえがラクだ。
　キャップの穴から、少しずつ水が出てくる。見た目だけではなく、においも確認すること。コーヒーフィルターのときよりはきれいになっていそうだ。だけどやはり、手づくりのものは、雑菌やウィルスを完全に除去するのは難しそうだ。

ステップ2 殺菌の方法を知る

▷加熱による殺菌

　コーヒーフィルターや手づくり装置で、ゴミや汚れをあるていどとりのぞくことができた。でも、市販の高性能のろ過器はないという場合には、その水を沸かしてみるといい。「煮沸」という方法だ。泥などで汚れた水をそのまま煮沸しても汚れたままなので、ろ過してきれいにした水を使うこと。
　もちろん、沸かしたところで、雑菌などが死滅したかどうかを目で見て確かめることはできないが、目安として、5分間煮沸したら、殺菌できる。

▷消毒液による殺菌

　お湯を沸かす道具がない場合はどうするか。
　消毒液を使って殺菌するという手もある。使えるのは、哺乳瓶などを洗うために売られている、次亜塩素酸ナトリウムの水溶液だ。食器用の漂白剤は成分が似ているが、ほかの化合物も入っているので、使ってはいけない。
　1％の濃度の薬液を使う場合、コップ1杯の水に1滴をたらし、約30分待つ。少し塩素のにおいがしたら、殺菌完了だ。これも目で見て確かめることはできないが、知識として頭に入れておいてほしい。

水が使えないとき、トイレはどうする？

　日本では、水洗トイレの普及率は90％以上で、下水道の普及率も約80％になっている（2016年時点）。下水道の普及率は、1980年には30％くらいだったから、どれだけ急速に普及したかがわかるだろう。
　一方で、便利なものほど、使えなくなったときのダメージが大きい。
　災害が起こったときのトイレ事情を、きみは考えたことがあるかな。避難所となる体育館や学校のトイレを、水が流れないまま、みんなが使いつづけると、あっというまにウンチの山だ。かといって、外に穴を掘って手づくりトイレをつくったとしても、同じことになってしまう。何百人もの人が避難したら、トイレが足りなくなることは、目に見えている。
　うーん、どうしたらいいんだろう、と調べてみたら、トイレに使ういろいろな商品があった。

- **マンホールの上に設置するタイプ**：災害対策用の下水管が地中にあるところで使える（写真）。
- **便器の上に袋をかぶせて使うタイプ**：洋式の便器をそのまま使える。便を袋に入れて、あとでまとめて捨てるものが多い。
- **組み立て式のタイプ**：テントなどのなかに設置できる。これも基本は便袋のなかに用をたすことになる。

　こういったものが大量に備蓄してあれば、トイレに困ることは少ないだろう。きみの住む地域に災害用トイレの備蓄があるか、いちど調べてみてもいいかもしれないね。

ウォーター

ステップ
❸ 水の大切さについて考える

　飲み水のさまざまなつくり方を体験してきたきみに、ちょっと考えてみてほしい。
　泥水や川の水を、なんとかきれいにすることはできたかもしれないが、その水を安心して飲めるだろうか。なかには、いくら殺菌されていても、手づくりの装置でろ過した水では心配だという人もいるだろう。水道をひねると飲める水が出てくることのありがたみが、少しは感じられたはずだ。
　人間には、1日に2.5ℓの水が必要といわれている。そのうち1ℓは食事からとれて、体内で0.3ℓつくられるそうだ。だとすると、食事が満足にとれないかもしれない災害時には、1日2ℓの飲み水を用意しておいたほうがよさそうだ。きみなら、災害に備えてどうする？ 2ℓのペットボトルの水を5日分、5本持って避難するとしたら、それだけで重さが10kgになる。ほんとうに持ちあるけるのだろうか。備蓄をしておくなら、そういうことも考えておかないといけない。いまからアイデアを出しておくことが、災害時の備えにつながるだろう。

　最後にクイズを出そう。

Q 人間が生活していくのに必要な水の量は、ひとりあたりどのくらい？

①10ℓ　②30ℓ　③50ℓ　④100ℓ　⑤300ℓ

▷ ウォーターマスター検定
つぎの課題をクリアせよ

　ペットボトルろ過装置を手づくりし、飲み水をつくるたいへんさを体験する。（プログラム内で体験していればOK）

▷ ウォーターマスターになりたてのきみへ

　課題をクリアしたきみは、飲み水を確保することのたいへんさを理解できたはずだ。しかし、さらなるレベルに進むには、水は飲むためだけでなく、いろいろな場面で必要になることも考えておきたい。
　日常生活で水が必要になることとは――。洗面、お風呂、ト

イレ、食器洗い、掃除、洗濯……、数えあげたらきりがない。

ここで、46ページのクイズをもういちど考えてみよう。ひとりの人が生活していくうえで必要な1日の水の量は、どれくらいなのか。

①10ℓ　②30ℓ　③50ℓ　④100ℓ　⑤300ℓ

生活環境にもよるけれど、日本では、300ℓくらいは使うといわれている。7日間の備蓄なら、2100ℓか。どこに置いておこうか……。

どうやら、節約する方法を考えなければいけないようだ。

たとえば洗面なら、顔ふきシートを持っておけば、水は使わなくてすむ。食器洗いは、食器にサランラップを巻いて、食べおわったらサランラップをはがして捨てれば、水洗いの必要はなくなる。洗濯なら、防臭加工がされた下着を着ていたら、少なくともにおいの面だけを考えれば、毎日洗う必要はなくなる。

こんな感じで、生活用水を少しでも節約するためのアイデアをどんどん出してみよう。もしかしたら、きみの画期的なアイデアで、特許をとれるかもしれない。

無人島からの招待状 ③
飲み水をつくる究極の方法

　飲み水の究極の調達方法――それは、海水を真水に変えること。地球の水のほとんどは海水で、こればっかりはなくなることはないはずだ。かんたんに真水に変えられたら、なんの心配もなくなるよね。

　蒸留という方法がある。海水を温めて水蒸気にして、それを冷やすと真水ができあがる、というシンプルな仕組みだ。すぐ試せるのは、海水を入れた鍋の真ん中にコップを置き、中華鍋など底が真ん中

に向かって丸くなっているものをふたがわりに乗せて、火にかけるという方法（写真）。

　へえ、意外とかんたんにできるもんだと思ったかもしれないけど、よく考えてみて。これ、火にかけつづけるということは、どれだけ燃料がいるんだろう。また、この装置をつくるための道具を備蓄しておくのと、ペットボトルの水を備蓄しておくのとでは、どっちがいいのかな。現実的に考えたら、後者かもしれない。

　無人島にはいろいろなものが流れついていて、なかには使えそうなものが落ちていることもある。ぼくたちはそれを加工して装置を発明し、あれこれ試してみている。装置1（次ページ）は、水をためる一斗缶（拾ったもの）のメッキが溶けこんだのか、ヘンな味の水ができあがった。装置2は、初日はおいしい水ができて大喜びだったが、2日目に鉄の配管が熱で変質したのか、これまたヘンな味の水が出るようになった。装置3は竹でつくってみたが、▶

ウォーター

結合部のアルミホイルが圧力に負けて水蒸気が漏れまくり、かなり効率が悪かった。

装置1

装置2

装置3

　まだまだ試行錯誤の連続だが、こんなふうに、身近にあるものや、すぐに手に入るもので、ほんとうに使える装置を発明できたら最高だ。
　きみも、蒸留装置にかぎらず、手づくり便利グッズの素敵なアイデアが浮かんだら、72時間サバイバル教育協会のホームページ（▶P123）から投稿して、ぜひ教えてほしい。みごと採用されたら、表彰させてもらうよ！

プログラム

④

ナイフ

食べものはあるが箸がない。たき火をしたいのに
薪がない。木や竹などの材料があって、
刃物を使いこなせれば、そんな事態も解決できる。
安全な刃物の扱い方をマスターする。

🕘 **9:30（地震発生から18時間30分）**

　きみは、水を備蓄しておくことの大切さをあらためて感じた。支援が届くまでは、とりあえず、いまある水を節約しよう。そう思っていると、急におなかがすいて力が抜けてきた。とそのとき、近所のスーパーの親切で、おにぎりが配られると伝えられた。

「やったー！」

　校庭には、すでに行列ができていた。1人1個ずつらしいが、お米が食べられるのがうれしい。20分ほどならんで、きみはおにぎりを受けとった。いっきにほおばりたくなるのをグッとがまんして、少しずつ味わって食べた。

食べおわって休んでいると、仲間から、夜にたき火をするために、学校に備蓄してあった薪を割りたいとの声が出た。倉庫にナタがあったので、持ってきた。
　ナイフもあった。割り箸が不足しているらしいので、ついでに箸もつくってみようかなと思った。
　きみは、刃物を安全に使えるだろうか。

きみは、刃物を使ったことがある？
ある人は、どんな場面で使った？
刃物がないと困ることってある？
刃物を使うときに注意するべきことって、なんだ？

安全に正しく使えたら、刃物は大きな味方になる。

用意するもの

カッターナイフや
切り出しナイフ

両刃のナタや
手斧

竹や小枝

薪

軍手

ステップ❶ 刃物の握り方を理解する

▷ 刃物の種類と使い道

　刃物は、使い道におうじてさまざまな種類がある。とくに使い方を知っていたほうがいいものを紹介するので、それぞれどういうときに使うか、確認しておこう。

カッターナイフ
紙やヒモを切る

切り出しナイフ
ものを削って
細かい細工をする

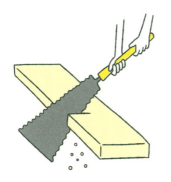

のこぎり
木材を切る

ナタ
片刃は木の枝を切りおとす。
両刃は薪を割る

手斧（ちょうな）
薪（まき）を割（わ）る

※刃物（はもの）には両刃（りょうば）と片刃（かたは）のものがあり、片刃の刃物には右利（みぎき）き用と左利（ひだりき）き用がある。注意（ちゅうい）して選（えら）ぼう。

▷ 刃物の安全な握（にぎ）り方とは？

　まずは、用意した刃物をどれか、手で持ってみよう。刃物を持つときには、かならず軍手（ぐんて）をつけること。

Q 軍手はどちらの手につけるのがいい？

①両手　②刃物を持つほうの手
③刃物を持っていないほうの手

　刃物を使う手と、切るものを支（ささ）える手。どっちの手が危（あぶ）ないかを想像（そうぞう）してほしい。
　切るものを支える手のほうが、ケガをする可能性（かのうせい）は高い。軍手は、こっちの手にはめよう。逆（ぎゃく）に、刃物を持つ手に軍手をはめると、刃物が滑（すべ）りやすくなり、細かい操作（そうさ）がやりにくくなる。たとえばナタや手斧を使うときに、持ち手が滑って後ろに飛（と）んでいったりしたら、たいへんなことになる。それに手袋（てぶくろ）は、サイズが合わないとはずれてしまうこともある。だから、刃物を握る手は素手（すで）で、しっかりと握ることが大切だ。

ステップ
❷ ナイフで小枝を削る

カッターナイフか切り出しナイフを使って、小枝を削ってみよう。

🔍 刃を向ける向きは、どちらが安全？

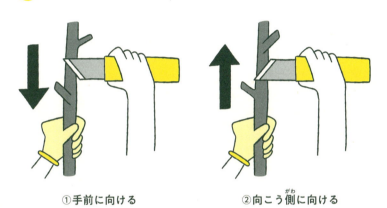

①手前に向ける　　　②向こう側に向ける

当然、②だ。ただし、くだものの皮をむくときなど、手前に向けるほうがうまくいく場合もある。

では、小枝を持つ手に軍手をはめて、少し削ってみよう。

このとき、ナイフを持つ手を動かすのと、小枝を持つ手を動かすのとでは、どちらが削りやすいだろうか。また、両腕が空中にある状態で削るのと、腕を台などに置いて削るのとでは、どちらがやりやすいかも試してみよう。

ステップ
③ ナタや手斧で薪を割る

こんどは、両刃のナタや手斧を使って、薪を割ってみよう。これらは、切るというより、割る作業に使う道具。つぎのような手順で使うと、刃が少しずつめりこんでいって、薪が割れる。

①木の切り株などの台の上に、薪を立たせて置く

②刃を薪の上の面に縦につき刺す

③薪につき刺さったナタや手斧を持ちあげる

④台にたたきつけるように落とす

③で持ちあげずに、ナタや手斧の背を別の薪でたたくという方法もある。

　木目によって割れやすいところと割れにくいところがあるから、いろんな木を使って、どうやったら割れやすいか、何度も試してみてほしい。だんだんじょうずになるはずだ。

　ナタや手斧を使うときは、
- **刃が落ちてくるところに手足を置かない**
- **まわりに人がいない場所で使う**
- **刃を自分と反対側に向ける**

といったことに、くれぐれも注意しよう。

ステップ 4 竹や小枝を削って、箸をつくる

　刃物の扱いに慣れてきたきみなら、ナイフで箸をつくるくらいはできるはずだ。
　まずは、竹や薪をナタや手斧で割って、材料にする細い棒をつくってみよう。または、適当な太さの小枝を見つけてきてもいい。
　材料を用意できたら、これまでに身につけたナイフの使い方で、ごはんを食べるのにちょうどいいサイズの、ちゃんと先が細く、角が丸まっている、持ちやすくて食べやすい箸をつくろう。太すぎたら持ちにくいし、細すぎたら折れやすくなる。使うところをイメージしながらつくることが大切だ。
　だれが見てもほしくなるような箸をつくれたら、きみはもうナイフマスターだ。

▷ ナイフマスター検定
つぎの課題をクリアせよ

　45分以内に、ナタや手斧で薪や竹を割って材料を用意し、ナイフで削って、持ちやすく、食べやすい箸をつくる。（太すぎたり細すぎたりするものは不合格）

▷ ナイフマスターになりたてのきみへ

　長期間使わないでいた刃物をいざ使おうとしたら、錆びていて使えない、なんてことがよくある。これは、なにも刃物だけではなく、いろんな道具に当てはまる。道具にはメンテナンスが必要だ。

ちなみに、刃物を保管するためには、つぎのどれが有効だと思う？
①サラダ油を塗っておく
②水で洗って新聞紙でよくふきとる
③水で洗って自然乾燥
④防錆紙に包んでおく
⑤そのままにしておき、錆びたら買いかえる

①はどうだろう。サラダ油は酸化して固まりやすいので、向いていない。もし油を塗るなら、シリコンオイルなどの潤滑油のほうがいい。ただし、それらは食べものを切ったりする刃物には使えない。

②は、かんたんにできて、それなりに効果がある。

③は、乾燥中に錆びることがあるので、あまりよくない。

④は、アドコートなどのメーカーがつくっているアイテムで、かなり使える。

⑤を選んだら、刃物が泣くぞ。

保管期間によって、どこまでメンテナンスをするのかが変わってくるけど、ほかにもいろいろな方法がある。調べて、試して、いちばんいい方法を知っておこう。

道具は使いつづけると、愛着もわいてくる。何十年ものあいだ、メンテナンスしながら同じ道具を使いつづける人って、すごく素敵だ。きみも、お気に入りの道具を大事に使いつづけて、大人になったときに自慢しよう。

無人島からの招待状 ④
無人島工房コレクション

　無人島生活では、さまざまな道具を手づくりしないといけないけど、そんなとき役に立つ材料は、竹だ。北海道には大きな竹はないらしいし、どこの無人島でも手に入るわけではないけどね。

　いままでぼくたちが竹でつくった道具としては、たとえばこんなものがある。

箸
まずは基本

コップと皿
コップは輪切りにするだけ、
皿は節のあいだをくりぬく

ランタン
横に窓をくりぬいて、
ロウソクを入れる

火吹き棒
細めの竹をカットして、
節のところに小さな穴をあける

 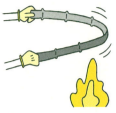

火ばさみ
竹の平板をつくり、真ん中を火であぶりながら曲げていく

まごの手
竹の平板をつくるときに、端に節がくるようにして削る

竹トンボ
つくり方は省略。ひまだったからつくった

　くふうすれば、ほかにもいろんなものがつくれるはず。これらをつくるには、のこぎり、ナタ、ナイフが必要になるから、できればぜんぶ持っていきたい。竹じゃない材料でも、刃物があれば、さまざまな道具がつくれる。
　きみも、刃物を使っていろんな工作にチャレンジしてみてはどう？　ナイフでちょっとした道具をパパッとつくれたら、すごくかっこいい。ただし、くれぐれも手を切らないように気をつけて。自信作ができたら、ぜひぼくたちに見せてほしい。

プログラム
5

シェルター

雨風をしのぎ、住居にもなるシェルターは、
避難時の強い味方になる。市販のテントから、
ブルーシートとロープだけで張るタープまで、
シェルターのつくり方をマスターする。

🕐 **11:40**（地震発生から20時間40分）

　あるていどまとまった数の薪を割ることができた。夜にまた冷えこんできてもたき火ができそうで、きみはひと安心した。箸もいい出来だ。
「早く配給が配られて、この箸を使ってたくさんごはんが食べられますように」
　今日も朝から、何度も余震が起きている。そのたびに胸がドキドキする。じっとしておいたほうがいいのかもしれないが、体育館のなかにいたらひんやりして、なんだか気持ちが暗くなってくる。
　お母さんはあいかわらず避難所の本部でお手伝いをしていて、きみにあまりかまってくれないが、みんなのために働いている

姿はほこらしい。

　外に出た。そういえば、さっき体育館でおじいさんが聞いていたラジオで、夕方から雨が降るかもしれないと言っていた。
「たき火で暖まるのが楽しみだったのに、今日は雨でたき火ができないのかな」
　きみは考える。「雨が当たらないところでなら、たき火はできる。でも、屋根があっても校舎のなかではできそうにない……。あ、そうだ！」
　きみはひらめく。「学校にブルーシートとロープがたくさんあった。それで雨よけをつくったらいいかも！」
　なんとかうまくつくれないだろうか。

　ブルーシートなどで屋根をつくることができたら、雨をよける以外に、どんなことに役立つだろう。
　きみは、ペットを連れては避難所に入れないことがあると、聞いたことがあるだろうか。ペットといっしょに生活するなら、テントで寝るという選択もしないといけないかもしれない。
　また、エコノミークラス症候群という病気がある。車の座席などで足を下げて何日も寝泊まりしていると、足に血栓ができてしまい、それが肺に運ばれると呼吸困難などに陥り、ときには命を落とすこともある危険な病気だ。もし、災害時に車のなかではなくテントで寝ることができたら、こうした病気にかかる心配がなくなる。
　きみはテントやタープを張ったことがあるだろうか。かんたんな雨よけ用の屋根なら、たったふたつのロープ結びを知っているだけでつくれる。テントやタープを張ったことがある人も、張り方を忘れてしまわないように、再確認しておこう。

用意するもの

市販のドーム型テント
(フライシートがセットになったもの)

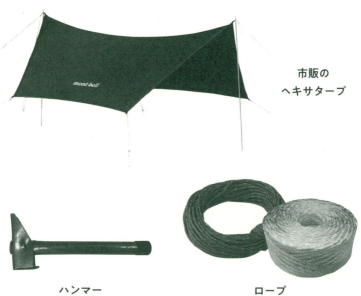

**市販の
ヘキサタープ**

ハンマー

ロープ
(右のPPロープでOK)

ブルーシート
ハトメつきで、1辺が2.7mくらいの
大きさのもの

ステップ① 市販のテントを張る

▷ ドーム型テントを張ろう

　説明書を読みながらでいいから、仲間といっしょに市販のドーム型テントを張ってみよう。ほとんどのドーム型テントは、メーカーが違ってもほぼ同じ張り方だ。

①ポールを伸ばしてつなぐ

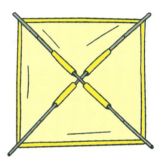

②テントの屋根の対角線上についているスリーブのなかにポールを通す

③ポールの片側の端にテントの角にあるフックを入れる

④テントを起こしながら、もう片方の端にフックを入れる

つづく ▶

⑤2本のポールを同じようにできたら、テントが立つ

> ▷張る場所も大事
>
> テントは強い風に弱い。雨が降って水たまりができないか、直射日光が当たらないか、落ちてきそうなものが上にないかなどもよく確認して、だいじょうぶと思える場所に張ること。

▷ペグを打とう

　テントが張れたら、風などで飛んでいかないように、テントを地面に固定する。ペグという杭のようなものをテントの角に通し、地面に打ちこむ。

Q　ペグはどういう向きで打ちこんだらいい？

①テントの内側に向けて

②地面に垂直

③テントの外側に向けて

　どれがいちばんテントをしっかり固定できるか、ぜんぶ試して確認すること。テントを持ちあげたりするとわかりやすい。

▷フライシートをかぶせよう

　テント本体だけだと、雨が降りこんだり、しみこんできたりする可能性が高い。そこで、テントの上にもう1枚、フライシートをかぶせる。これで雨対策はバッチリだ。

①フライシートを
テントの上にかぶせる

②フライシートの角のフックを
テントの角に引っかける

▷ **フライシートを固定しよう**

　フライシートも、ペグで固定しないと風で飛んでいくかもしれない。まずは、フライシートの張り綱をゆるんだ状態で伸ばしてみて、ペグを打つ場所を決める。この場合も、ペグはどの向きに打つのが抜けにくいか、張り綱を引っぱりながら確認するといい。ペグの向きが決まったら、つぎに進もう。

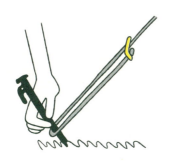

①張り綱を伸ばして、
ペグを打つ

②張り綱についている
自在金具を調整して、ピンと張る

　これで完成だ。張りおわったら、中に入ってみよう。どんな構造になっている？　慣れれば、ひとりでも張れるようになる。何度も練習して、ひとりでのテント設営にも挑んでほしい。

ステップ2 市販のタープを張る

▷ヘキサタープを張ろう

　タープにもいろいろな種類がある。ここでは、ポール2本とロープで張る六角形のヘキサタープを張ってみよう。

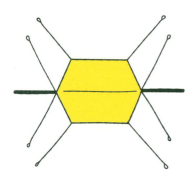

①タープを広げて、張り綱を伸ばす

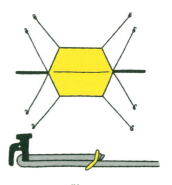

②張り綱の端にペグを通し、地面に打ちこむ
（8か所すべて）

③片方のポールをタープの穴に通し、持ちあげて立てる

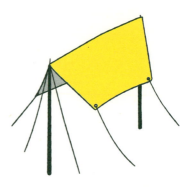

④もう片方のポールも立てる

⑤張り綱の自在金具を
調整してピンと張る

これで完成だ。

▷ **ペグとポール、張り綱の向きを確認しよう**

テントを張れたきみなら、ペグがどういう向きに打ちこまれていれば抜けにくいかはわかるはずだが、念のため、張り綱を引っぱるなどしてチェックしておこう。

では、ポールはどうだろう。

Q ポールは、つぎのうち、どれがいちばん安定する？

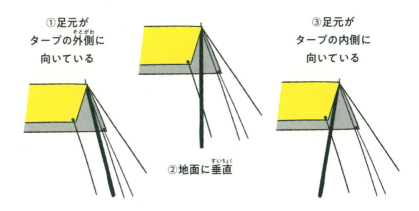

①足元が
タープの外側に
向いている

②地面に垂直

③足元が
タープの内側に
向いている

3つとも試して、タープを揺らしてみると、どれがよいかわかるはずだ。

最後は、張り綱だ。張り綱がどういう向きになっていれば、タープがピンと張れて、安定するだろう。
　とくに、ポールの先からつながっている張り綱2本の角度は、広いほうがいいのか、せまいほうがいいのか、どちらも試してみてほしい。
　ポールがない左右の張り綱は、どういう向きがいいだろうか。とくに対角線との位置に注意して見てみよう。
　岩がごろごろしていてペグの打てないところや、砂浜のようにペグがすぐに抜けてしまうところだったり、ポールがなかったりする場合には、かわりの方法がある。

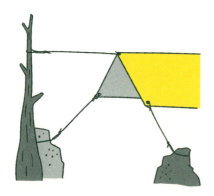

動かない岩や木に張り綱を結びつける。中央の2本の張り綱を束ねて木に結びつけると、ポールなしでタープが張れる

ペグが抜けやすい場所では、少し長めの折れにくい棒に張り綱を結びつけて、地中に埋める

　ちなみに、ペグや木や岩など、そこにロープを固定させるものや場所のことを「アンカー」という。

ステップ
③ ロープワークをふたつ覚える

　もし市販のタープがなければ、ブルーシートでも代用できる。たったふたつのロープワークを覚えているだけで、タープを張れる。
　まずは、**ダブルフィッシャーマンズノット（二重テグス結び）**という結び方から。

①1本のロープをもう1本のロープに1回巻きつける

②もう1回巻いたら、できた輪にロープの端を通す

③指を抜いて引っぱると結び目になる

④ロープを逆にしてもう1回結ぶ

⑤結び目どうし引きよせて、完成

　ロープとロープをつないだり、輪にしたりするのに最適な結び方だ。ブルーシートのハトメにロープを固定するときは、この片方だけをつくれば、しっかり固定できる（▶P77）。

もうひとつは**トートラインヒッチ（自在結び）**という結び方だ。

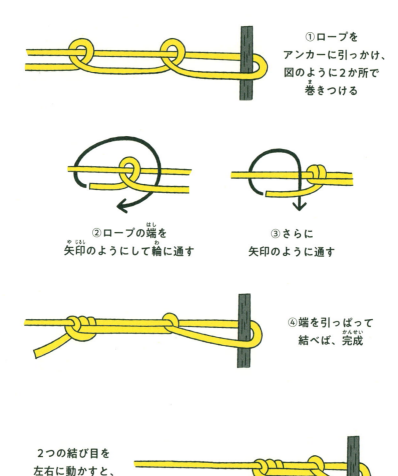

① ロープを
アンカーに引っかけ、
図のように2か所で
巻きつける

② ロープの端を
矢印のようにして輪に通す

③ さらに
矢印のように通す

④ 端を引っぱって
結べば、完成

2つの結び目を
左右に動かすと、
長さが調整できる

　いちど張ったロープの張りぐあいを、文字通り自在に調節できる。張り綱をアンカーに結びつける側につくろう（▶右ページ）。何度も練習して、どちらも確実に結べるようにしておきたい。

ステップ
❹ ブルーシートで小さなタープを張る

▷ **タープを張る場所を選ぼう**

　まずは、ポールがなくてもタープが張れそうな場所を探そう。ロープを結びつけるアンカーになる、木や公園の金網などが近くにあるところがいい。場所が決まったら、どういう向きでタープを張るかを考えて、地面にブルーシートを広げる。

▷ **ブルーシートのハトメに ロープを結びつけよう**

　つぎに、さっき覚えた**ダブルフィッシャーマンズノット**（片方だけ）で、ロープの端をハトメに固定しよう。

▷ **アンカーに自在結びで結びつけよう**

　こんどは、そのロープを**トートラインヒッチ**でアンカーに結びつける。少し余裕をもたせておくほうが、あとで調節しやすい。

　6か所でアンカーに結びつけて、ピンと張れば完成だ。

　とくに屋根のてっぺんになる部分は、両側からしっかり張っておきたい。下がっている四角の張り方しだいで、広さや風のよけぐあいを調整できる。くふうして、快適な空間をつくろう。

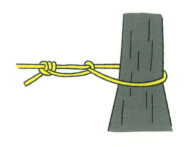

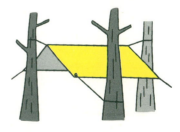

▷ シェルターマスター検定
つぎの課題をクリアせよ

覚えたふたつのロープワークを使って、60分以内に、小さなブルーシートタープをひとりで張る。

▷ **シェルターマスターになりたてのきみへ**

たったふたつのロープワークを覚えただけで、きみはどんなところでも雨風をしのげる屋根をつくれるようになった。
けれど、ロープの便利さは、まだまだこんなものじゃない。使いこなせると、いろんな場面で活躍してくれる。

例を挙げよう。

- 車の積荷を固定する
- 新聞紙や古本をまとめる
- 洗濯物を干す
- 人をレスキューする
- ブランコをつくる
- ボートを岸につないでおく

このような必要があったときに、いまの知識でなんとかできるだろうか。

ロープワークの本や情報は、世の中にたくさん出回っている。もっと知りたければ、ぜひ本を見たりインターネットで調べたりして、学んでほしい。

ロープの結び方と便利な使い道を少しでも多く知っておけば、できることが増えて、みんなに頼られる存在になれるはずだ。

無人島からの招待状 ⑤
最小限の材料でつくる快適な家

　どこの無人島もそうなのだけど、まわりを海に囲まれているので、風が強い。つまり、寒い冬に無人島に行くときには、風をよけつつ、たき火に当たれる場所が必要だ。しかも、雨や雪が降ってきたら最悪だ。
　大きめのブルーシートが3枚くらいあれば、壁をつくって、屋根をつくって……と、きみも想像できるかな。
　方法はひとつではなく、いろんなくふうで雨風をしのぎながら、たき火ができる場所をつくれるはずだ。
　ぼくたちは、ティピーと呼ばれる、アメリカ・インディアンの移動式住居のようなものを、ブルーシートと竹でつくったことがある。

　持っていたブルーシートが小さなものしかなかったので、大きなたき火ができるほど背の高いティピーはつくれなかったけど、7人くらいがたき火を囲んでミーティングできるくらいのものはつくれた。せますぎて、たき火の煙を吸った服が、スモークサーモンみたいなにおいになってしまったけれど……。
　ブルーシートとロープと棒があれば、秘密基地なんかもつくれたりするはず。
　きみも無人島に来たら、自分なりのくふうをして、居心地のよい住居づくりにチャレンジしてほしい。あまりにもできばえがよくて快適だと、無人島にそのまま住みたくなってしまうかもよ!?

プログラム

6

ファーストエイド

災害時は、ケガをしたり、慣れない避難生活で
体調を崩したりすることもある。
ケガによる出血を止める方法をマスターし、
熱中症や低体温症の起こり方と予防・対処法を学ぶ。

🕑 **14:00（地震発生から23時間）**

　なんとか、雨が降ったときにたき火をする場所を確保できた。たき火を囲んで、みんなとおしゃべりする時間は大切だ。
　今日の夜は、学校に備蓄してあったアルファ米が配られる予定だと、さっきお母さんが言っていた。夕飯まではまだ時間があるので、きみは仲間たちと学校の校舎のなかを歩いて、何か使える道具がないか、探しにいくことにした。
　保健室と会議室には、体調を崩した人がいるようだ。2階への階段を上がろうとしたら、ロープが張ってあり、立ち入り禁止になっている。
「そっちは危ないから、入っちゃダメだぞ」
　見回りのおじさんに見つかってしまった。

「使える道具がないか探そうと思って……」と言ってみたが、「まだ余震が続いてるから、体育館に避難していなさい」と、校舎から追いだされてしまった。

しかたなく、きみたちは校庭に出た。

「さっきガラスで手を切っちゃった」

ふと声の主を見ると、友だちが手の指から血を流していた。「でもだいじょうぶ、だいじょうぶ」と言っているが、ポトポトと血が落ちている。ガラスは刺さっていないようだが、とても痛そうだ。

「保健室に行こうか」ときみは言いかけて、さっき保健室の前に行列ができていて、なかなか診てもらえそうになかったことを思い出した。すぐに応急手当をしてあげないと……。

こんなとき、どうしてあげたらいいのだろうか。

ファーストエイド

きみは、いままでに応急手当をしたことがあるだろうか。ひと口に応急手当といっても、絆創膏を貼るだけのものから、心臓マッサージといった本格的なものまで、さまざまだ。

お医者さんにみてもらうまでに、きみはどんなことができるだろう。たとえば、出血をしている場合は、いち早く血を止めることが大切だ。災害が起こったとき、ちょっとしたケガをすることはけっこうありそうだ。

自分の身を守れるように、また人の手助けをできるようになるために、応急手当（ファーストエイド）の方法を学んでおいたほうがいい。

=== 用意するもの ===

ノンラテックス手袋

ガーゼ

伸縮包帯

レスキューシート

ステップ① 応急手当について理解する

▷医療行為と応急手当は違う

「医療行為」とは、医師免許をもったお医者さんなどがおこなう治療のこと。これは、きみにはできない。

「応急手当」なら、お医者さんじゃなくてもできる。応急手当とは、わかりやすく言えば、お医者さんに診てもらうまでの時間に、ケガや病気の状態を少しでも悪化させないようにするための処置だ。たとえば、血が流れつづけていたら止める、やけどをしたら冷やす、倒れている人がいたら呼吸があるか確認して、なければ人工呼吸や心臓マッサージをする、などだ。

じつは、ケガをしている人の傷口に薬を塗ったり、気分が悪いと言っている人に薬を飲ませたりするのは、厳密にいえば、赤の他人がしてはいけない。

きみは、お医者さんに引きつぐまでに、自分ができる範囲でほんの少しのことをするだけでいい。

▷応急手当をするときの危険とは？

たとえば建物のなかで、割れた窓ガラスでケガをした人が座っていたとしよう。不用意に近づいたら、ガラスを踏んでしまったり、窓ガラスがまた落ちてきたりして、きみまでケガをしてしまう可能性がある。また、道路で倒れている人がいるからといって、不用意に近づくと、車にはねられてしまうかもしれない。応急手当をするときには、まわりをよく見て、安全にその人に近づけるかを確認しなければならない。

もうひとつ。きみは、血液をさわることで感染する恐れがある病気を知っているだろうか。B型肝炎、C型肝炎、HIVなどの命にかかわる病気もある。だから、応急手当をするときには、自分以外の人の血液に直接さわることを避けないといけない。かならず防護用の手袋をはめよう。プロの救急隊もかならず着

用していることから考えても、どれだけ重要なことなのかがわかるだろう。手袋がない場合は、コンビニの袋などを使ってもいい。きみの命にかかわることなので、面倒だとか大げさだとか言わずに、かならず守ってほしい。

　こんなふうに、助けようとする人が危険な目にあうことを「二次災害」という。自分の危険をおかしてまで応急手当をしてはいけない。

▷応急手当で足りない場合は病院へ

　覚えた応急手当だけでなんとかなる場合はいいが、応急手当をしたあとに自然に治る見込みのなさそうな大きなケガや病気の場合は、すぐに病院へ連れてかなければいけない。

　そんなときは、応急手当をするまえに救急車を呼ぶこと。119番通報をすれば、たいていは10分ほどで救急隊が駆けつけて、病院まで運んでくれる。そして到着するまでのあいだ、電話の向こうで専門家が、救急車が来るまえにしておいたほうがいいことを教えてくれる。

　しかし、どんなときでも救急車が来れるわけではなく、大きな災害でケガ人がたくさんいる場合や、地震、津波などの水害、土砂崩れなどで道路が通れなくなっていたり、電話がつながらなかったりするときは、自力で連れていくしかない。

　きみの住んでいる地域のどこに大きな病院があるかも、大人といっしょに日ごろからチェックしておいたほうがいいだろう。

ステップ
❷ 手袋の着け方・はずし方を習得する

▷ **手袋を着けてみよう**

　まれにゴムアレルギーの人がいるので、ノンラテックスの使い捨て手袋を、ふだんから用意しておくことをオススメする。ほとんどの商品は内側が滑りやすくなっているので、かんたんにはめることができる。まずは、着けてみよう。はめられたら、手袋のどこかに穴があいていたり、破れたりしていないかをしっかり確認すること。

▷ **手袋をはずしてみよう**

　着けた手袋を、こんどははずしてみよう。応急手当が終わったあとは、手袋についている血液に触れずにはずさないと、手袋をした意味がなくなってしまう。

①片方の手袋の手のひらのあたりをつまんで、手袋を裏返しながらそっとはずす

②はずした手袋を手袋をしたほうの手で丸めて、握る

③手袋をしたほうの手の手首のところから指を突っこんで、手袋を裏返しながらそっとはずす

　これで、血液がついたところをなかに閉じこめたまま手袋がはずせる。はずした手袋は、ビニール袋などに入れて密封し、ごみ捨て場に捨てよう。

ステップ
❸ 止血の方法を習得する

▷直接圧迫法のメカニズム

出血をすると、血液にふくまれる血小板が傷口に集まってきて、血栓というフタをつくる。ただし、血が出つづけていると、血小板のフタはできにくい。そこで、傷口をガーゼや手で押さえることで、血液が血管の外に出にくくして、血小板のフタを固める手助けをする。この止血法を、「直接圧迫法」という。

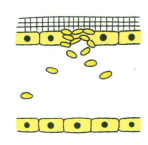

このとき、傷口が汚れたままでふさぐと、ケガがひどくなったり、バイ菌に感染したりすることがある。きれいな水がある場合は、傷口を洗おう。

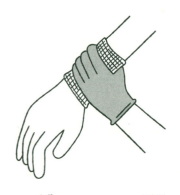

▷直接圧迫法をやってみよう

まず手袋をして、ガーゼを持つ。最近は傷口を押さえるためのパッドなんかも売っているので、それを使うとよりよい。血が出ているところにガーゼでフタをするつもりで、しっかりと押さえよう。ただし、腕の細いところや指などを強く握りすぎて、血の循環を止めてしまわないように。あくまで押さえるだけだ。

ガーゼやパッドに血がにじんできたら、はがさずに、もう1枚上からかぶせて押さえること。

▷伸縮包帯を巻いてみよう

ずっと手で押さえておくより、伸縮包帯を使うほうが効率がいい。下の手順で巻いてみよう。忘れやすいので、ときどき練習して、いつでもできるようにしておきたい。

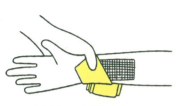

①基本的には心臓に遠いところから巻きはじめて、ガーゼに対して45°の角度で端を出す

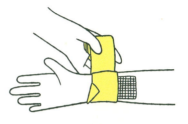

②1周巻いて、端を重ねて折り、もう1周させる。こうすると、ずれにくくなる

③少しずつガーゼの上に巻いていく。血液の循環が悪くなるので、きつく巻きすぎないように

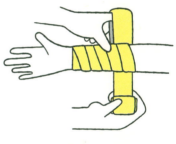

④ガーゼのもう一方の端まできたら、もう1周巻き、包帯に人差し指をかけて逆に折りかえす

⑤人差し指をかけていた部分とあまった部分とを結ぶ

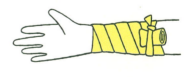

⑥あまった部分は切っても、包帯のすきまにはさんでもいい

ステップ4 熱中症の予防法と対処法を覚える

▷熱中症の起こり方

　夏の暑い日に注意しなければならないのが、熱中症だ。毎年、ニュースなどで、熱中症で病院に運ばれた人のことを聞くだろう。きみは、どうして熱中症になるのかを知っているだろうか。

　暑い日には汗をかく。これは、汗が蒸発することで、体の表面の熱を逃がして体温を調節するという、体がほんらいもっている機能だ。ところが、炎天下に長時間いたりすると、汗をかくだけでは体温調節が追いつかなくなり、体の調子が悪くなっていく。これが熱中症だ。

　熱中症の症状はさまざまで、吐き気や頭痛、めまいがしたり、けいれんを起こしたり、意識がもうろうとしたりする。そうなったときはすぐに応急手当をしなければならない。

　熱中症になりやすいのは、こんな状況だ。
- 直射日光の当たるところや湿度の高いところで長時間活動することで、体温が上昇する。
- 汗を大量にかくことで、水分や塩分が不足する。
- 初夏などに急に気温が上がることで、体の調節機能がうまくいかず、体調を崩す。

▷熱中症の予防法

　だから、
- 帽子をかぶったり、ときどき日陰で休憩したりして、直射日光を避ける。
- こまめに水分や塩分を補給する。

- 暑さによって体調不良が起こる可能性があると覚えておき、おかしいと感じたら早めに休むなどの体調管理をする。

といった対策をしておくことで、予防ができる。

▷熱中症の対処法

少しでも体に不調を感じている人がいたら、熱中症の疑いがあるとして、まずはつぎのようにしよう。

- 日陰やエアコンの効いた室内に移動させ、安静にさせる。
- 服やズボンを緩めて、皮膚への風通しをよくする。

- 濡れたタオルを首筋やわき、足の付け根の太い血管が走っているところに当てて、冷やす。
- うちわであおいだり、扇風機の風に当てたりする。
- 意識がはっきりしているなら、スポーツドリンクや生理食塩水を飲ませる。(生理食塩水は、9gの食塩を入れた容器に水を注いで、ちょうど1ℓにし、よく混ぜればできあがり)

めまいがしたり、顔色が青白くなっていたりするときは、血流が悪くなっていることが考えられる。その場合は、すずしい場所で、足を高くした状態であお向けに寝かせて、休ませよう。

手足やおなかの筋肉がけいれんを起こしているときは、血液中の塩分濃度が薄くなっている可能性が高い。生理食塩水を飲ませるなどして、塩分補給をしよう。

皮膚が熱くて汗をかいていない状態や、意識がもうろうとしている状態は、かなり危険だ。すぐに救急車を呼ぼう。救急隊が来るまでに、水をぶっかけてあおいだり、水風呂に全身をつけたりして、とにかく全身を冷やそう。

ただし、いくら対処法を知っていても、熱中症にならないにこしたことはない。ふだんから、しっかり対策しておきたい。

ステップ5 低体温症の予防法と対処法を覚える

▷低体温症の起こり方

寒い時期には、低体温症に注意しなければならない。

人の体温は、通常はだいたい36℃前後。しかし、寒いところに長時間いたり、濡れた衣服をずっと着ていたりすると、体温が奪われていく。体温が35℃以下になると、体がなんとか熱をつくりだそうとして、全身の震えが止まらなくなる。血流が悪くなって、唇が紫色になったりもする。これが低体温症のはじまりだ。

夏でも、濡れた衣服を着つづけると、低体温症になることがあるので、気をつけよう。

▷低体温症の予防法

まず、あたりまえのことだが、寒いところにいるときは、少しでも早く暖かいところに移動する。

衣服は、保温性の高いものを着る。帽子や手袋などの防寒具も忘れずに。綿の下着は汗をかいたときに乾きにくいので、汗をかいたり濡れたりする可能性があるときは、速乾性の化繊やウールなどの下着がオススメだ。

温かいものを食べたり飲んだりすることで、体のなかから温めることもできる。とくに食べることは熱をつくることにつながる。

▷低体温症の対処法

全身が震え、顔色が悪くなっている場合は、すぐに暖かいと

ころに移動させる。

意識がはっきりしているなら、温かい食べものや飲みものをゆっくり与えることで回復する。衣服が濡れていたら、すぐに着替えさせよう。カイロや湯たんぽで、首筋やわきの太い血管が通っているところを温めるのも有効だ。

意識がはっきりしていなかったり、うまくしゃべれなかったり、顔色があきらかに青白くなっていたりしたら、危険信号だ。そこまで状態が悪化していたら、すぐに救急車を呼ぼう。

救急車を待っているあいだにできる対処としては、毛布があれば毛布で、なければ、レスキューシートというアルミ製のシートなどで全身を包んだりして、体温を逃がさずに低い温度の外気から守ることくらいだ。ここまでひどい状況のときは、手足のマッサージや入浴などで急速に温めるのは、冷たい血液が全身に回ってしまい、かえって体内の温度を下げる原因になってしまうことがあるので、やってはいけない。温かい飲みものを与えるのもダメだ。

低体温症はいちどなってしまうと、回復しにくい。だから、じゅうぶんな予防と早めの対処が必要だ。ふだんからしっかり防寒対策をしておいてほしい。

▷ ファーストエイドマスター検定
つぎの課題をクリアせよ

- だれかにケガをしたフリをしてもらい、二次災害予防の手袋を着け、傷口にガーゼを当てて伸縮包帯を巻く。
- 熱中症と低体温症の予防法・対処法を3つずつ挙げる。

▷ **ファーストエイドマスターになりたてのきみへ**

　このプログラムを学んだきみは、軽いケガの手当のしかたや、熱中症と低体温症の予防法・対処法を知ることができた。
　ただし、応急手当が必要な場面はまだまだたくさんある。
　たとえば、食べものがのどにつまったら、どうする？　毎年、

お正月には、お年寄りがお餅をのどにつまらせて病院に運ばれた、なかには窒息によって亡くなったというニュースが流れる。もし、そばにいるだれかが対処法を知っていたら、不幸なことにはならないはずだ。

それだけじゃない。やけど、急性アレルギー、虫刺され、腹痛、打撲、捻挫、鼻血……、これらの症状には、どう対応するのか。

もしきみが、ここで覚えたことだけでなく、たくさんの種類の手当をできるようになりたければ、専門の講習会で学ぶことをオススメする。MFA（メディック・ファーストエイド®）ジャパン、日本赤十字社などで、いろんな応急手当の方法を学ぶことができる。メディック・ファーストエイドの講習は年齢制限がなく、きみも受講できる。日本赤十字社は15歳以上になれば、受講可能だ。

応急手当は、やり方を知っていても、ケガ人や病人を目の前にすると、自分にできるだろうかと、つい手助けをためらってしまうことが多い。そうならないように、講習を受けたり、定期的に訓練したりして、自信をつけることがとても大切になる。

ふだんの生活でも、得意なことは進んでやれるし、苦手なことはやるのを渋ってしまうということがあるはずだ。だから、きみには、応急手当をふくむすべてのサバイバルプログラムを、得意になってほしい。

さまざまな場面で、手当を必要としている人の手助けができるようになれば、きみは真のファーストエイドマスターとして、だれからも頼りにされるにちがいない。

くわしく知りたくなったら
▶MFAジャパン
　http://www.mfa-japan.com/
▶日本赤十字社
　http://www.jrc.or.jp/

ファーストエイド

無人島からの招待状⑥
無人島で危険を避けるには

　無人島には、病院もなければ、救急隊もいない。大きなケガや病気でもしたら、たいへんなことになる。
　だから、危険を避けることも考えないといけない。難しいことばでいうと、リスクマネジメント（危機管理）という考え方だ。
　たとえば、きみが貝を拾ったとする。食中毒が心配で、食べようかどうしようか迷ったとして、きみは食べるだろうか。
　もしかしたら、その貝はすごくおいしくて、しかも安全かもしれない。けれど、食中毒でおなかを壊し、脱水症状になって命の危険にさらされるかもしれないし、応急手当ではどうにもならない可能性がある。
　こんなふうにいろんな可能性をふまえて考えると、いくらおなかがすいていても食べないという判断も必要だ。
　じゃあ、危険なことはいっさいしない？
　ナイフを使って便利な道具をつくりたいけど、ミスして手を切ったらたいへんだから、ナイフは使わない。そんな考え方になってしまったら、もう自力で生きていくのは難しくなってしまう。
　ようするに、危険度が高いか低いか、得られるものが大きいか小さいか、ほかの方法でできないか、いろいろな視点で考えて行動することが必要なんだ。
　いちばん覚えていてほしいのは、きみのサバイバル能力が上がれば上がるほど、危険な目にあう可能性は低くなるということ。日々練習したり、学んだりして、サバイバルマスターとしてつねにレベルアップしていってほしい。

プログラム 7

フード

生きのびるためには、食料の確保が欠かせない。
かぎられた食料をおいしく食べるくふうも必要だ。
多様な非常食の味を知り、炊飯器を使わない
空き缶ごはんづくりに挑戦する。

🕓 **16:00（地震発生から25時間）**

　友だちの血はすぐに止まって、きみはほっとした。
　予報では、これから雨らしい。服が濡れたままで着替えがない人たちが低体温症にならないように、注意をしておいたほうがよさそうだ。こんな知識があるだけでも、対策ができる。
　夜になった。アルファ米がみんなに配られたが、明日はどうなるかわからないらしい。でも、きみはおなかがすきすぎて、明日のために残しておくことは無理だった。お母さんといっしょに、あっというまに食べてしまった。まわりの人も、まだだおなかがすいていそうで、疲れている人が多いように思えた。きみは、気持ちは元気なのに、いつもより力が出ない。
「今日は早めに寝て、体力を温存しておこう」

6:50 （地震発生から39時間50分）

余震で目が覚めた。外を見ると、ゆうべからの雨が降りつづいている。昨日張ったテープのところに行くと、仲間がすでにたき火をはじめていた。

「おなかすいたね」「お肉を食べたいね」

こんなときにかぎって、出てくるのは食べものの話ばかりだ。そこに、今日は全員ぶんのアルファ米がない、という悲しいお知らせがきた。

昨日、スーパーの人がお米やスープの素も持ってきてくれた。だけど電気が通じていないので、炊飯器は使えない。

「学校のキャンプで飯盒炊爨というのをやったっけ。でも、ここに飯盒はないし……」

なんとかごはんを炊く方法はないか、きみは必死に考えはじめた。

災害が起こったとき、ふだん食べているものが食べられなくなることがあるのは、いまのきみならわかるはずだ。みんながまんを強いられることも想像できるだろう。

非常食も無限にあるわけじゃない。配給が来ても、おなかいっぱい食べられるとはかぎらない。レストランで食べられるメニューなんて、夢のまた夢になるだろう。

頭ではがまんしないといけないとわかっていても、食べものを食べないと力も出ないし、気分も沈んでくる。ためしに、たった1日だけでも、おにぎり1個だけで過ごしてみたらよくわかる。また、毎日同じものばかり食べていても、うんざりしてくる。食べものを少しでもおいしく食べることは、思っているより重要だ。元気を出すためにも、どんなくふうができるかを考えてみよう。

用意するもの

アルファ米や缶入りパン、そのほか保存がきいて非常食になりそうなもの

スプーンや箸など食べるための道具

空き缶
スチール製で、400〜500ccくらい入る大きさのもの

水

米

ガスコンロ、またはたき火をつくる道具など

アルミホイル

軍手

ステップ
① どんな非常食があるかを知る

　むかしは、非常食といえばカンパンというイメージだったが、いまはいろんな種類（しゅるい）が売られている。おもなものを紹介（しょうかい）しよう。

アルファ米：いちど炊（た）いた米を乾燥（かんそう）させたもので、お湯か水でもどすことができる。白米だけでなく、五目ごはんやカレーピラフなど、いろいろな味がある

インスタント麺（めん）：麺を乾燥（かんそう）させたもので、熱湯（ねっとう）でもどして食べる。カップ入りは熱湯を注いでしばらく待ち、袋（ふくろ）入りは鍋（なべ）で煮（に）る。味もさまざまだ

缶入りパン：ビスケットのようなカンパンと違（ちが）い、しっとりしたパンが缶に入っている。フルーツやチョコなど、いろいろな味がある

缶詰（かんづめ）：味つけした魚や肉、フルーツなどを缶で密封（みっぷう）したもので、そのまま食べられる。いつでもスーパーやコンビニで買える定番商品

レトルト食品：肉や野菜料理、スープやごはんなどを容器に密封し、加圧・加熱殺菌したもの。袋ごと湯煎したり、電子レンジで温めたりして食べる

お菓子やおつまみ：アメやスナック、ドライフルーツなど。なかでもナッツ類はすぐに栄養に変わるので、行動食として抜群にいい

　非常食じゃないものもあると思ったかもしれないが、災害用に売っているものでなくても、ふだんから蓄えておけるものは、なんでも非常食になる。

　備蓄するときに重要なのは、まず賞味期限。5年もつものもあるし、半年しかもたないものもある。あとどのくらい食べられるか、ときどきチェックしておくこと。

　電気やガスが止まったときは、そのままで食べられるものが便利。かさばらずに、持ちはこびしやすいことも大切だ。

　どんなものを備蓄しておくかは、このあとのステップでじっさいに食べてみて決めるといいだろう。

ステップ
❷ 非常食を食べる

　ステップ1で紹介した非常食を試食してみよう。備蓄をするのは、自分がおいしいと思うものがいちばんいい。

　電気やガスが使えなくても食べられるか、非常用持ち出し袋に入れても負担にならないか、アレルゲンがないかなども考えて選びたい。

　非常食を組み合わせて、おいしく食べるというくふうもできる。きみの頭にも、オリジナル非常食レシピがひらめくはずだ。

たまご雑炊：レトルトごはんとたまごスープの素をいっしょにお湯のなかに入れ、かき混ぜる。ふりかけやのりなどを入れると、アクセントになる

蒸しパン：ホットケーキミックスに水を入れ、かき混ぜて生地をつくる（チョコチップやドライフルーツを入れるのもオススメ）。ビニール袋に小分けして、袋ごとゆでればできあがり

ステップ❸ 空き缶でごはんを炊く

　非常食ではなく、お米が備蓄してあった場合のことも考えてみたい。
　電気やガスが止まっていたら、炊飯器は使えない。だけど、鍋と水があり、たき火がつくれたら、ごはんを炊くことはできる。キャンプなどで使う飯盒でも炊けるし、もっと言えば、空き缶でもごはんは炊ける。
　ただし、空き缶ごはんは炊飯器と違って、放っておくとうまく炊けないので、炊く時間や水の量、火加減などは、いろいろ試してみる必要がある。たとえば、水の量が少なかったり、火が最初から強すぎたりすると、お米がやわらかくなるまえに水分が蒸発してしまい、かたいままのごはんができあがる。加熱をつづけても、焦げるだけだ。反対に、水の量が多いと、おかゆのように水っぽくなる。
　右ページのレシピをきみなりにアレンジしながら、空き缶ごはんを炊いてみよう。

空き缶ごはんの炊き方

①目安として、米は0.5合、水は米より少し多めの量を空き缶に入れる

②アルミホイルでフタをする。蒸気が逃げないように密閉したい。沸騰してきたときに蒸気でフタがはがれやすいので、アルミホイルを空き缶の底側まで巻きつけたり、上に平らな石などを乗せたりしてくふうしよう

③火にかける。最初から強火に当てると、お米が水分を吸うまえに水が蒸発してしまい、パサパサのごはんになりやすい。弱火でじっくりと炊くこと（たき火で弱火にするのが難しい場合は、少し火から離してみよう）

アツアツごはんのできあがり

　何度も挑戦するうちに、水や火の加減がわかってくる。うまく炊けるまで練習しよう。
　たき火でごはんがうまく炊けるようになったら、きみは立派なフードマスターだ。

▷フードマスター検定
つぎの課題をクリアせよ

60分以内に、たき火やガスコンロなどの火を使って、ふっくらとした空き缶ごはんを炊く。

▷フードマスターになりたてのきみへ

　フードマスターになったきみは、非常時にはどんな食料事情になるか、少しは理解できたはずだ。とはいえ、ほんとうに災害が起きたとき、自分自身がどんな食べものがほしくなるかは、まだまだ想像しかできないだろう。
　東日本大震災の被災者で、当時小学生だった子にインタビュ

ーしてみると、こんな答えが返ってきた。
- 家族のことが心配で、空腹が気にならなかった。
- 不安で食べものがのどを通らなかった。
- とにかく、やわらかくて食べやすいものがほしかった。
- 温かいものを食べるだけでホッとした。
- ごはんがなくても、チョコやアメなどの甘いものを食べられたらじゅうぶんだった。

　人によって感じ方は違うだろうが、いつもと違う状況になると、おながすいたときに食べたいものがふだんとは変わってくる可能性がある。
　こうした経験談を参考にしながら、何を備蓄しておくか考えることが大切なのかもしれない。
　それから、もしきみがどこか被災地に手助けにいくことになった場合、温かい食べものを配る「炊き出し」をすると喜ばれるはずだ。そのときに甘いおやつを持っていくと、さらに喜ばれるかもしれない。
　自分が食べていくことだけでなく、だれかが被災したときのことも考えて、電気やガスを使わなくてもできる料理のスキルを身につけることができたら、真のフードマスターとして、大活躍できるにちがいない。

無人島からの招待状 ⑦
自分でゲットするから、ぜんぶ食べる

　無人島には備蓄物なんてない。自給自足の生活が待っている。

　魚を釣る道具とスキルがあれば、釣った魚をたき火で焼いて、焼き魚が食べられる。野草の知識があれば、サラダやほかの料理の材料にして食べられるし、貝の知識と貝をとるスキルがあれば、ゆでたり焼いたりして食べられる。

　食料を調達することは、ほんとうに労力がかかるし、かんたんなことじゃない。お店で売っているものは、だれかがとってきたり、育てたりしたものだ。それを買うことができない無人島では、自分で探してゲットするしかない。釣りが得意で、野草が見分けられて、食べられる貝を知っている人は、無人島ではヒーローだ。いや、無人島だけでなく、日常生活でもヒーローだろう。

　そして、苦労してゲットした食べものだからこそ、残したりしないし、落として砂がついたからといって捨てたりはせず、海水とかで洗ってぜんぶ食べる。

　ふだんの生活では、食べものが床に落ちたら、捨ててしまう人がほとんどだろうが、無人島に来て、食べものの大切さを身をもって知ったら、粗末にすることなんて考えられなくなるはず。

　むかしの人は、冷蔵庫がなくても、乾燥させたり、漬けたりといったくふうをして、食べものを腐らせずに保存できる方法を、知恵をしぼって考えだした。冷蔵庫なしの生活ができるって、すごくない？

　そう考えると、むかしの人はサバイバル能力が高かったんだと気づかされるし、見習わないといけないことがたくさんあるよね。

プログラム
⑧
チームビルド

避難所で共同生活する場合、おたがいに協力することが重要だ。災害時に知りたい情報を共有する掲示板をチームでつくり、役割分担や、日々のストレスを減らすくふうを考える。

❶ 18:00（地震発生から51時間）

　きみたちがたき火を使って、空き缶でごはんを炊くことができたおかげで、体育館にいる人たちに少しでも多くの食料が行きわたった。昼も夜も温かいごはんを食べることができて、きみ自身も元気が出た。

　今夜も、体育館でたくさんの人といっしょに雑魚寝だ。考えてみると、知らない人もいるなかで気をつかいながら寝る日が続くのは、正直しんどい。ここにはまだ3日間しかいないけど、イライラしてるおじさんどうしが言いあらそいをしていたりして、みんなストレスがたまってきているようだ。

　つぎに食べものが配給されるのはいつか。いつになったら電

気やガスや水道が使えるのか。まったく情報が入らないので、みんなが不安になるのもしかたがない。ラジオを聞いていても、よくわからない。
「何か、少しでもストレスを減らせるくふうはないかな」
　きみは、仲間と相談することにした。きみたちにも、力をあわせてできることはきっとあるはずだ。

　避難所にたくさんの人が押しよせたら、どんな問題が待ち受けているだろう。
　そのとき、きみならどういう行動をとる？
　最後のプログラムは、できれば複数の仲間といっしょに挑戦してほしい。

チームビルド

=== 用意するもの ===

模造紙

マーカーなどの
筆記用具

111

ステップ ① 必要な情報を共有する

▷ いっしょに挑戦する仲間を集めよう

　まずは、いっしょに情報集めをしてくれる仲間を探すことからだ。まわりの人たちに「手伝ってくれる人いませんか」と尋ねるのもよし。とりあえず友だちどうしでチームを組んで、「情報伝達係募集」などのポスターをつくり、もっと仲間を集めるのもよし。協力してくれる仲間は多いほど助かるはずだ。

▷ 災害時に、どんな情報が必要か

　集まった仲間と、災害時に必要な情報について考えてみよう。
　災害が起こった直後は、スマホが使えなくなるかもしれない。停電していたら、テレビも見られなくなる。自分の住んでいる地域の被災状況がわからない。これから避難所にどのくらいの人が来て、そのなかに大人と子どもがどのくらいいるのかも予想できない。家族と離ればなれになっている人もいるかもしれない。避難物資の量もわからない。
　そのような状況になったとき、きみをふくむ避難所のみんなは、どんな情報がほしいだろう。思いついたことを紙に書きだしてみよう。

▷ 仮想掲示板をつくろう

　口で伝える情報はどうしても、聞きまちがえたり、デマが流れたりする可能性がある。そこで有効なのは、だれもが正しい情報を確認できる掲示板だ。
　どんな情報が掲示してあれば、みんなが少しでも安心できるだろうか。
　きみたちが、いま避難所生活を送っていると想像して、みんなで仮想掲示板をつくってみよう。それをつくりながら、必要な情報や伝え方をいっしょに考えていく。

掲示板は1枚にまとめる必要はなく、項目ごとにつくってもいい。

ステップ2 役割分担について理解する

　たくさんの人が避難所に押しよせてきたとき、みんなが自分勝手に行動してしまうと、混乱するだろう。そうならないよう、できるだけみんなの希望を聞きとって、ときにはゆずりあい、それぞれ役割をもって協力しあえるしくみづくりが必要だ。

　避難所生活では、どんな役割が必要になるだろうか。みんなで意見を出しあって、紙に書きだしてみよう。

　たとえば学校生活がヒントになる。きみたちのクラスにはどんな係があるだろう。学級委員長、給食係、保健係、飼育係、体育係、掃除係……。さまざまな役割があるはずだ。

　つぎに、その役割には何人必要か、その役割になった人はどんなものを用意しないといけないかなども、具体的に考えて書きたしてみよう。

　ここまでできたら、自分にできそうな役割を探そう。炊き出しのお手伝い？　トイレ掃除？　物資の仕分け？　いまのきみに何ができるだろうか。こんな役割を担えるようになりたいが、いまは自信がないということは、メモしておき、新しく学んだり、練習したりして、できるようにチャレンジしていこう。

ステップ3 過ごしやすくするくふうを考える

▷ 避難所生活のストレスを減らすくふうとは？

　災害時には、がまんをしないといけないこともある。しかしそんなときでも、避難所で少しでも快適に過ごせるように、ストレスが減るように、くふうはできるはずだ。どんなことができるか、考えてみよう。

　そのために大事なのは、いろんな人の立場に立ってみることだ。

　たとえば、男女で必要なものが違うことがある。赤ちゃんを連れているお母さんや、お年寄り、病気やケガの人など、さまざまな人が集まってくることを想像してほしい。それぞれ事情の違う人たちが、はじめて出会って、いきなり同じ場所で暮らしはじめることになる。着替えたりするときだけじゃなく、いろんな場面で人の視線が気になることもあるはずだ。どんなくふうができるだろう。

▷ 過ごしやすくなる
ルールを考えてみよう

　みんなが気持ちよく過ごすための最低限のルールには、どんなものがあるだろう。

　あんまりルールがたくさんあると、過ごしにくくなるかもしれない。あくまで過ごしやすくするためのルールを考えて、書きだしてみよう。

▷ チームビルドマスター検定(けんてい)
つぎの課題(かだい)をクリアせよ

○ 情報(じょうほう)を共有(きょうゆう)するための仮想掲示板(かそうけいじばん)を仲間(なかま)とつくる。

○ 必要(ひつよう)な役割(やくわり)を出しあって、いまの自分が災害時(さいがいじ)にできる役割を知る。

▷チームビルドマスターになりたてのきみへ

　このプログラムを体験したきみは、自分にできることを増やしていく大切さを理解し、仲間とうまく役割分担をしてチームで活躍する方法を考えられるようになったはずだ。ときにはリーダーとなり、ときにはだれかにリーダーになってもらって裏方で支えるなど、場面におうじてチームのために動けるような人になれれば、さらに信頼されるようになるだろう。

　みんなの住んでいる地域には、たいてい避難所運営マニュアルなどがある。役所などに言えば見せてくれるはずなので、いちど目を通してみるのもいい。

　きみがふだんから災害時のことを想定して、さまざまなスキルを身につけていたら、だれもきみのことを子ども扱いしないはずだ。じっさいに、東日本大震災のときは、中学生や高校生が避難所の役割分担を決めたり、ルールづくりに積極的にかかわったりして、うまく運営できていたところもたくさんあった。

　学校生活のなかではあまり目立っていなかったとしても、いざというときのために、さまざまな体験から災害時の対応を学んでいて、その隠された能力を発揮することができる人ってかっこいい。

　そんな子が全国各地にたくさんいたら、とっても心強い。きみもその仲間のひとりとして、これからもいっしょに学びつづけてくれないか。

無人島からの招待状 ⑧
チームワークを生みだす5つのコツ

閉ざされた空間ともいえる無人島では、チームワークが不可欠だ。きみは、能力や性格が違うメンバーとうまくやっていけるかな。感情にまかせて、言いたいことをズバズバ言って仲間にきらわれたりしたら、終わりだ。かといって、がまんばかりしていると、ストレスがたまってくる。

チームとして、ぼくらが心がけていることが5つある。

①人の話を最後まで黙って聞く：自分がしゃべっているときにだれかに割りこみされたら、腹立つでしょ。島内で意見がぶつかったときは、自分と反対の意見だろうがなんだろうが、まずは相手の言うことをしっかり聞く。

②相手の得意なことをほめる：得意なことがある子には、たとえば、「きみは貝をとるのがだれよりも上手だから、お願い！」って頼んでみよう。イヤとは言わないはずだ。

③地道な仕事を積極的にこなす：自分ができることはコツコツとやろう。薪集めに、海藻拾い、やれることはたくさんあるはず。働かない人は、たいていきらわれる。

④言いたいことはしっかりと伝える：はっきり言わないと伝わらないことは多いし、がまんしてたら、知らず知らずのうちに不愉快な気持ちが態度に出てしまって、よけいに険悪になるかもしれない。ミーティングの時間をつくって、そのときに伝えるのがよさそうだ。

⑤たまにはみんなでいっしょに遊ぶ：道具がなくてもできるゲームはたくさんある。いろんなゲームを覚えて、いつでもできるようにしておこう。きみが思っている以上に、ゲームをすると、みんなの気持ちが前向きで明るくなるよ。厳しい状況のときほど笑顔が大切だ。

ぜひきみが、みんなのムードメーカーになってほしい。

6:30（地震発生から63時間30分）

朝になった。きみたちは、昨日の夜に相談して決めた、掲示板を用意したり、段ボールで壁をつくったりといった、避難生活を過ごしやすくするくふうを、少しずつ実行しはじめた。

お母さんがいる本部に入ってきた情報を、模造紙に書いて掲示しておくようにしたら、たくさんの人が見にきて、役に立つと言ってくれた。寝る場所を壁で仕切ったおかげで、知らないおじさんのいびきを真横で聞かなくてよくなった。きみたちが考えた小さなくふうが、大きな助けになっていった。

これから、まだまだたいへんな日が続くかもしれない。だけど、サバイバルマインドをもつことができたきみなら、どんなに困難な状況も、乗りこえられるはずだ。

身につけていかないといけないスキルは、まだまだたくさんありそうだ。もっともっと、みんなの役にも立てるだろう。

きみがこれからも学びつづけて、成長してくれることを願う。がんばってくれて、ありがとう。

チームビルド

さらなるステップアップをめざすきみへ
サバイバルマスター認定プログラム講習の紹介

▷中学生の話から生まれたプロジェクト

　この本は、ぼくたち72時間サバイバル教育協会の「72時間サバイバル」プロジェクトから生まれたものだ。
　プロジェクトを立ち上げたきっかけは、東日本大震災（2011年3月11日）直後の宮城県南三陸町でボランティア活動をしているときに出会った、ある中学生の話を聞いたことだった。
「津波が来たとき、家にはぼく以外だれもいなかった。地震と津波の恐怖から体が動かなくなったけど、近所の家を見たら、みんなが屋根の上に避難していた。ぼくもなんとか屋根に登り、雪の舞うなかで震えながら、心細さに耐えて一夜を過ごした。つぎの日、家族が迎えにきてくれて、ようやく助かったと思った」
　この子のように、災害が起こったときに、親や大人が近くにおらず、救助が来るまで自分たちだけで生き抜く経験をした人は少なくない。近い将来、きみ自身が経験するかもしれない。災害は、いつ、どこで起こるかわからないのだから。
　学校にいたり、外で遊んでいたり、きみは家にいても親が仕事に出ていたり……、ふだんの生活を思い出してみると、家族と離れて過ごす時間はたくさんあるはずだ。そんなとき災害が起きたら、家族とすぐに会えるのだろうか。停電で電車が動かなくなったり、道路がふさがってしまったりして、移動できなくなる可能性もある。携帯電話がつながらなくなることだってあるだろう。
　しかし、たとえひとりきりになっても、きみは生き抜かなければならない。そして、大切な人と支えあって、災害を乗りこえなければならない。
　子どもから大人まで、ひとりでも多くの人に、災害時を生き抜く力を身につけてほしいという思いが、このプロジェクトにはつまっている。

▷ **72時間を生きのび、その後を乗りきるスキルとマインドを**

　過去の大災害発生後のデータを見てみると、災害発生から72時間を過ぎた場合の生存率は、72時間以内とくらべて激減する。そのため、災害時、レスキュー隊は72時間以内を目安に救出活動をすることになっている。

　もちろん、災害の種類、時期や場所によって、大きく状況は変わる。災害が起きた直後は、何が原因で、自分にどんな危険があるかを想像し、対策を考えておくことで、助かる命を確実につなぎとめることができるようになるだろう。

　また、大災害が起こったときは、国や地方自治体からの支援物資がすぐに届かなかったり、電気、ガス、水道などのライフラインが復旧しなかったりすることが考えられる。命が助かったとしても、そのあとに困難な課題がたくさん待ち受けているのだ。

　だから、たんに生きのびるためだけの知識やスキルを学ぶのではなく、いまある環境を受けいれ、その場にあるものを使って快適に過ごすためのくふうをして、少しでもストレスを減らす、ということが重要だ。そのために、ぼくたちは、きみがこの本で体験したような8つのプログラムをつくった。そして、スキルを習得しながら、どんな場面でもいちばん大切になる「サバイバルマインド（心）」を身につけてほしいと考えた。

▷ **「ジュニア・サバイバルマスター」への道**

　この本を手にとって、たくさんの挑戦をしてくれたきみは、おそらく正義感や責任感が強い人なんじゃないかとぼくは想像している。

　ぼくが72時間サバイバル教育協会という団体の代表になったとき、まずしなければならないと思ったことは、きみのような意識の高い人たちが、いまから、そして大人になってからも、社会の一員として活躍する場をつくることだ。

　災害が起こったときに、やったことはないけど知識をたくさん

もっている人と、きみのような体験をして学んだ人と、どちらがより力を発揮できるかは、火を見るよりも明らかだ。きみには、災害時に困っている人を助けることのできる人になってもらいたいと願っている。

もしきみが、さらなるステップアップをめざしたいなら、たくさんの仲間がすでに参加している、ぼくたちの「サバイバルマスター認定プログラム講習」を受けてみてほしい。

講習では、72時間サバイバル教育協会公認コーチのもと、この本のプログラムをあらためて体験したり、できなかったことを学んだりして、まずはプログラムごとに用意されている修了証を手に入れる。講習を修了したら、検定に進む。プログラムごとにそれぞれワッペンが用意されていて、検定に合格したら、それがもらえる。

講習を受ける

修了証をもらう

検定に挑戦し、ワッペン取得をめざす

講習や検定は、この本を持っていない人でも受けられるが、この本で予習しているきみは、合格する可能性が高いはずだ。

プログラムによっては、なかなか合格できないものもあると思う。たとえおしくても、コーチはおまけで合格させてはくれない。ワッペンを持っているということは、そのスキルとマインドをいつでも発揮できることの証明なのだ。難しいけれど、それだけ価値があるということだ。

そして、みごとすべての検定に合格して8つのワッペンを手に

入れ、72時間サバイバル教育協会に申請すると、「ジュニア・サバイバルマスター」の大きなワッペンがもらえる。
　これらのワッペンは、きみの非常用持ち出し袋や、肌身離さず持ちあるいているザックに縫いつけておく。そうすれば、災害時、きみがどんなスキルを持っているのかがひと目でわかる。避難所で頼りにされたとき、ワッペンを持っているのにできないじゃないか！と思われないように、合格後も復習は必要だ。消防士や救急隊の人たちも、日々トレーニングや勉強をしている。
　トレーニングを続けていると、とっさのときにも的確ですばやい判断ができるようになるし、勉強を続けていくことで、新しい情報が手に入ったり、さらに多くの技術を習得できたりする。
　ぼくたちは、学びつづけるきみのことを、いつも応援しているし、必要なときはサポートをさせてもらう。

▶講習に参加するには

　講習は、72時間サバイバル教育協会公認ディレクターがいる団体が、全国で定期的に開催し、定員や場所、日程などは、それぞれの団体によって決められている。くわしくは、協会のホームページを見てみよう。
　講習を受けられる団体は、今後、段階的に増えていく予定だ。協会のホームページで、ときどき確認してほしい。

▶72時間サバイバル教育協会　http://72h.jp

＊──この本を読んで思いついたアイデアの投稿や、ぼくへのメッセージもここで受け付けています。

おわりに

　東日本大震災が起きた2011年から、ぼくは時間ができると、東北に足を運んでボランティア活動をしてきました。ガレキの撤去、物資の仕分け、掃除といった現場作業のほか、現地の方々といっしょにお茶を飲んだり、お菓子を食べたりしながら心に寄り添う"お茶っこ"や、飼い主と離ればなれになったペットたちのお世話など、現地で活動するNPO団体や動物愛護団体をつうじて、さまざまな活動にかかわってきました。

　いまもときどき東北に足を運んでいますが、7年が過ぎた現在も、被災地には多くの課題が残っており、約3万人の方々が仮設住宅に住まれています。たくさんの方々が、いまなお奮闘・努力しておられることを忘れてはならないでしょう。

　思いおこせば、被災地に通うようになって2年目から、「この震災を風化させてはいけない」という声をよく聞くようになり、そのために自分は何ができるのかを考えるようになりました。そしてぼくはアウトドアの世界に身をおく者として、キャンプなどをつうじた減災教育をしていこうと思い、仲間といっしょに「72時間サバイバル」プロジェクトを立ち上げました。

　72時間サバイバル教育協会の当初の代表理事だった山中昌幸さんには、ビジョンミーティングなどで、協会のしくみづくりをしていただきまし

た。また、前理事の高井啓大郎くんがモニターキャンプなどで子どもたちを集めてくれたおかげで、小・中学生を対象としたプログラムづくりの課題を発見することができました。

　理事の石川雅嗣さんは、コーチングの基礎をつくりあげ、協会公認コーチ養成講座のカリキュラムづくりにもかかわってくださいました。広報担当の田原建吾さんにも、活動当初から、カメラマン、またパンフレットやホームページのデザイナーとして、心強い貢献をしていただいています。

　そして、この活動に共感し、新理事になってくれた福岡の龍孝志くんは、いち早くコーチ養成講座を開催してくれ、九州にも指導者が誕生し、全国展開への足がかりをつくることができました。龍くんはこの本の校正や、使用写真の撮影などでも、たくさんの時間を割いて協力してくれました。

　同じく新理事である長江孝くんも、みずからの活動の場である北海道で、コーチ養成講座や、この本のタイトルにも使わせてもらった子ども向け講座「もしとき教室」を精力的に開催し、プロジェクトを育ててくれています。

　プロジェクトを拡げていくために、教科書のようなものをつくりたいと考えていたとき、太郎次郎社エディタスの漆谷伸人さんと、とてもいいタイミングで出会うことができました。執筆中、た

くさんのアドバイスやヒント、激励をいただき、なんとかこの本を書きあげることができました。同社のみなさんにも、参考になるご意見をいただきました。
　イラストレーターの髙橋未来さんは、読者のみなさんが容易に想像できるように、すばらしいイラストでぼくの拙い文章をサポートしてくださいました。デザイナーの新藤岳史さんは、読みやすくなるようにくふうをこらし、素敵なデザインにしあげてくださいました。
　ここに書ききれなかった方々もふくめ、たくさんの仲間の支えがなければ、この本はできませんでした。心より感謝いたします。

　このプロジェクトの未来の仲間になってくれるかもしれないきみと、いつかお会いできる日を心待ちにしながら、いったんここで筆を置きます。ここまで読んでくれて、ありがとう。

2018年5月5日　片山誠

片山 誠（かたやま・まこと） ──────── 著者紹介

1971年、大阪府生まれ。72時間サバイバル教育協会代表理事、株式会社ココロ代表取締役。小・中学校でボーイスカウトに所属し、野外活動の基礎を学ぶ。大学に入学後、自転車による大阪―北海道縦断、日本各地青春18切符野宿めぐり、北海道一周ヒッチハイク野宿旅行、九州一周野宿旅行など、ワイルドな経験を積む。平日は大阪で会社員、週末は四国でラフティングガイドという日々を送ったのち、バリ島でのガイド生活を経て、2006年、株式会社ココロを設立、アウトドアツアー・ガイドとして活動を開始する。
東日本大震災のボランティア活動で被災者の声を聞くなかで、子どもたち自身が災害時を生き抜く力を身につけることの必要性を感じ、2012年、有志たちと「72時間サバイバル」プロジェクトを立ちあげる。現在は、72時間サバイバル教育協会のチーフトレーナーとして活動するほか、国内や中国で、野外活動指導者やボランティアの養成、大学での講座、年に数回の無人島サバイバル研修（5日間）などをこなす。各地の熱意ある指導者に呼びかけて仲間を増やしながら、プロジェクトの全国拡大をめざしている。

髙橋未来（たかはし・みき） ──────── イラストレーター紹介

1988年、群馬県生まれ。グラフィックデザイナー、イラストレーター。中性的なタッチと、少しのユーモアを生かした作品が特徴的。キャンプなどのアウトドアライフを愛し、目下、この本に登場する「ファイヤースターター」での火起こしの習得をめざしている。

もしときサバイバル術 Jr.
災害時に役立つスキルを手に入れろ！

2018年5月10日 初版印刷
2018年5月30日 初版発行

著者	片山 誠
イラスト	髙橋未来
デザイン	新藤岳史
写真協力	mont-bell（p12、68） 防災防犯ダイレクト（p12） 株式会社イーストアイ（p45） オルファ株式会社（p54） ゼブラ株式会社（p111）
発行所	株式会社太郎次郎社エディタス 東京都文京区本郷3-4-3-8F 〒113-0033 電話 03-3815-0605　FAX 03-3815-0698 https://www.tarojiro.co.jp 電子メール tarojiro@tarojiro.co.jp
印刷・製本	シナノ書籍印刷
定価	カバーに表示してあります

ISBN978-4-8118-0828-4 C8075
©KATAYAMA Makoto, TAKAHASHI Miki 2018,
Printed in Japan

本のご案内

きみは、この挑戦を
受ける覚悟があるか？

13歳までにやっておくべき
50の冒険

ピエルドメニコ・バッカラリオ、
トンマーゾ・ペルチヴァーレ 著
アントンジョナータ・フェッラーリ 絵
佐藤初雄（国際自然大学校）監修
有北雅彦 訳

宝探し、木のぼり、野生動物撮影、廃墟探検、おもちゃの分解、魔法薬の調合……。イタリアの人気児童文学作家がしかける遊び心満載のミッションをクリアして、冒険者への第一歩をふみ出そう！ 自然のなかで冒険できる日本版「野外学校リスト」つき。

だれにも知られず、
モテ能力をゲットせよ！

モテる大人になるための
50の秘密指令

ピエルドメニコ・バッカラリオ、
エドゥアルド・ハウレギ 著
アントンジョナータ・フェッラーリ 絵
有北雅彦 訳

冒険好きのきみに、伝説のスパイから指令が届いた。親を観察、炊事に洗濯、家系図作成、デートの誘い、そして忍者……。どんなミッションも、華麗に、かつスマートに。口うるさい親たちにバレないように挑戦して、モテる大人の秘密を手に入れよう。

各 四六変型判・192ページ・本体1600円＋税